天下文化

BELIEVE IN READING

教授媽媽**郭葉珍**♥帶你聽到孩子的聲音

# 讀懂孩子內心話

郭葉珍——著

# 目錄

PART 2

## 包容，陪孩子走過低谷 73

PART 4

# 理解，帶給孩子幸福 209

## 14 教養要有方法

# 自序 讀懂孩子，自然無話不談

統管連鎖幼兒園又要照顧家庭的加鳳很煩惱的說：「怎麼辦？我兒子才高中，就已經是躺平族了，明明能力可以，卻不肯努力。」

我問加鳳：「你有問他原因嗎？」

加鳳說：「當然問了，但他沒有回答。現在兒子看到我就很激動，叫我不要再說了，他不想跟我說話。即使我不是要講這件事，光看到我要開口，他就搖搖手說：『不要說。』」加鳳說著說著眼眶紅了起來。

回想起我和兒子之間也有過這樣一段時光。

我們在加拿大住了三年，回到台灣時，他正要升上國小三年級，完全不懂中文，我好擔心他會銜接不上。當時我剛到大學教書，備課已經忙得七葷八素，還得兼顧學校的服務、自己的博士論文進度，並且要確保家務正常運作，實在沒有心力照顧他的中文。

然而，一天一天過去，沒有任何問題發生，兒子的中文無痛銜接。當時我心想：「哇！我兒子好聰明。」

兒子上國中之後，開始不想讀書，一直想要輟學去工作，所幸有《強迫入學條例》幫我撐腰，我跟他說，不去上學我得繳罰鍰，而且不是交錢就可以了事，還會一直被罰到他入學、復學。我對兒子分析，我一個人的收入要維持家計，還要應付罰鍰，會有困難。他聽我這麼說只好又去上學，但是仍然想方設法逃過晚自習，跑去網咖打電玩。我心裡很不開心，一直想著：「你明明能力可以，為什麼就是不肯努力？」

或許是為了讓在新竹工作的我鞭長莫及，兒子主動提出要搬到台北讀高中，沒想到還真讓他考上市立明倫高中。看到榜單時，我未經思考說了一句：「你明明可以嘛，如果更努力不就上建中了嗎？」

兒子深深的看我一眼，「句點」了我。

那一眼讓我不寒而慄，我知道這句像在稱讚他聰明的話，極可能斬斷我們母子後續對話的機會。

後來我就有意識的勒住舌頭，不再說出讓兒子覺得我對他永遠不滿意的話，不讓他以為我都沒看見他做到的，只看見我認為他可以做到卻沒做到的。因為這樣的自我約束與反省，我讀懂了孩子，之後還是能聽到兒子的內心話。

我對加鳳說，我能了解她的心情，因為我有類似經驗。加鳳問我，要如何讀懂孩子的所思所想，要怎麼讓孩子願意開口說內心話？我跟她說，這是大哉問，需要用一本書來說，於是促成我出版這本《讀懂孩子內心話》。

這本書第一章「傾聽，和孩子好好說話」回答了加鳳的問題，主要核心精神就是「有關係就沒關係，平常就要建立好關係，需要開口談問題時就沒關係。」既然是聊天，就好好聊、用心聊，而不是說要聊天，卻在講問題或敷衍應付，這樣才會讓孩子覺得和爸媽在一起是有趣的。聊天中也要讓孩子感覺到被愛，滿足到他們的自尊。平常十次舒舒服服的聊天，真的有一次要談問題，孩子也比較不會認為爸媽在找碴。

我和加鳳分享兒子為什麼不努力的內心話，他跟我說：「因為沒興趣。」兒子指出，大人要求孩子去找到自己的興趣，卻沒想過他們從一起床就動身前往學校，關在裡面一整天，放學後繼續關在補習班，所有活動都和課業有關，只有打電玩能帶來點愉悅感，這樣他們要如何發掘自己的興趣？如果硬要問他對什麼有興趣，那就是打電玩了，還能有別的嗎？

加鳳對於我兒子能清楚表達自己的困境感到驚訝，於是本書第一章「傾聽，和孩子好好說話」也談到我平常是如何願意等待、願意慢慢聽兒子說，不幫他把話講完，也不反駁他，於是我兒子就有機會好好練習說話，不會卡卡講不出完整的內心話。

說到打電玩，加鳳說她兒子晚上補習下課後，回到家也都在打電玩，讓她很擔心。孩子掛在網路上的議題，我經歷的時間很長，從兒子國中開始到他大二輟學，直到他後來必須負擔自己的生計，而且也不需要逃避勉強上學所帶來的痛苦時，沉溺於網路遊戲的問題便自然解決了，我也從中領悟到電玩無罪，要解決問題必須溯本追源。

而女兒在高中、大學時代，對網路一點興趣都沒有，反倒是出社會後工作壓力大，想透過看影片來紓壓，才開始犧牲睡眠時間，沉溺於追劇。於是我在本書第二章「包容，陪孩子走過低谷」談到導致過度使用網路的原因，談到我如何讀懂並接納孩子的情緒、接住受挫、壓力大的孩子，以溫和、耐心、慈悲、重複的態度陪伴孩子戒癮，也談到有哪些看似安慰的話其實是地雷不能踩，以免孩子不敢或不願意再說出內心話。

雖然我的兒女都經歷過沉溺網路的階段，但是現在他們的工作都很順利。老闆、主管、業主形容他們很會舉一反三和解決問題、態度良好、勇於求助、懂得感恩。

我在本書第三章「放手，引導孩子長大」談到他們這些職能是如何從小養成的。其中最值得一提的，是我相當願意放手讓他們嘗試，不怕他們繞遠路，理解親身經歷也是成長的重要環節。我之前的著作曾經提過女兒台大歷史系畢業後，忽然動了到旅館當房務員的念頭，刷馬桶、清浴缸、洗廁所、換被單讓她的手得了蜂窩性組織炎，折騰好幾個月她才接受自己不適合勞務工作的事實，轉任比較擅長的文職領域。

沒想到，女兒現在的工作除了需要協助外國專業人士來台時的事務，還得確保他們的居住環境舒適。當時去當房務員刷廁所、鋪床單看起來匪夷所思的繞遠路，現在終於有了意義。她知道旅客是如何看待居住環境是否舒適：枕頭上有頭髮嗎？浴缸有卡汙垢嗎？牆角有灰塵嗎？所謂的繞遠路，從來就不繞也不遠。在本書第三章我寫了許多故事，談到我如何陪伴孩子找到動機、放手讓他們自己做決定，進而發展出獨立自主的能力。

常有人覺得我能力強，能夠兼顧工作和照顧兒女，其實我真正花在兒女身上的只有三分力。孩子不喜歡聽訓，我不會刻意教他們什麼，而是在和兒女聊著生活中的大小事，或是談起共同追的劇時，在彼此都很放鬆之下，傳達我認為重要的觀念。其他的七分力，我則放在自己身上。透過我自己冒險、嘗試、失敗、傷心、重新爬起來的歷程，透過我尋求兒女支持與安慰的過程，他們學到失敗不可恥，也知道可以傷心，但傷心完要如何爬起來的態度與方法。所以在本書第四章

「理解，帶給孩子幸福」我談到了如何不教而教，除了當孩子的榜樣，只要用對方法，陪伴兒女成長可以很輕鬆。

期待你看完《讀懂孩子內心話》以後，和孩子無話不談，輕鬆相伴。

PART 1

# 傾聽，和孩子好好說話

# 01

# 讓孩子願意和你說話

親子要能聊得起來，就跟朋友聊天一樣，要聊他有興趣的。

而且要敞開心情，不帶批判。

很多家長對於無法了解孩子的生活、聽到孩子內心的聲音與感受覺得很苦惱，普遍都有「孩子為什麼都不跟我談心」、「問他在學校學了什麼，總是說不知道」的困擾。

有次演講碰巧遇到幾位家長帶幼兒來，我便邀請一位幼兒和我對話。

我問：「你在學校都學什麼？」

幼兒聳聳肩，不回答。

我問現場的家長：「為什麼問孩子『你在學校都學什麼？』他不回答？」

家長紛紛回應：「因為沒興趣」、「和我無關」……

接著，我開始示範要如何開啟聊天模式，以了解幼兒的生活、內心的聲音以及感受。

我問：「你在學校最好的朋友是誰？」

幼兒說：「陳明妮。」

我問：「你們最喜歡一起去哪個學習區？是語文角還是扮演區？」

幼兒說：「語文角。」

我問：「好不好玩啊？」

幼兒說：「好玩！」

我問：「哪本書最好玩？」

幼兒說：「《爸爸走丟了》。」

我問：「你可以跟我說那本書在講什麼嗎？我也好想知道。」

示範完畢後，我對家長說，想要「句點」對方說話的意願，只要跟對方談他沒興趣的話題就可以了。

以我和幼兒的對話為例，他沒有興趣談學了什麼，所以我問他這個問題後，我們之間的談話就立刻畫下句點。

反之，想成功引發對方說話的意願，只要和對方談他有興趣的話題就可以了。以我和幼兒的對話為例，當我問「你在學校最好的朋友是誰？」他就很有興趣回答。

然後我接著問的，是讓孩子不費腦的問題。

### 1 事實是什麼？（Objective）

我問幼兒：「你在學校最好的朋友是誰？」「你們最喜歡一起去哪個學習區？是語文角還是扮演區？」

這些都是事實性問題，我在問句裡使用了「行話」，例如學習區、語文角、扮演區，讓幼兒覺得我是自己人，聽得懂他說話，溝通不會有障礙，因而有意願繼續說，不會懶得說。

### 2 情緒反應是什麼？（Reflective）

當我問幼兒：「好不好玩啊？」就可以知道他對一件事情的感受了。

### 3 詮釋這個現象（Interpretive）

當我對幼兒說：「你可以跟我說那本書在講什麼嗎？我也好想知道。」除了能讓他練習表達，感受到被聆聽的尊重，我也可以知道他如何看待這本書想傳達的意思。

## 4 決定（Decisional）

由於演講當下無法花太多時間在這個議題上，如果時間足夠，我接下來會問問幼兒：「我好想知道如果你去逛夜市，爸爸忽然走丟了，你看不到他，那怎麼辦呀？」這樣我們就知道未來幼兒碰到這個狀況時，他會做什麼決定。

對於伴侶、家人、大小孩、小小孩，只要把握以下三個原則，基本上彼此的交流會相對順暢，碰到事情也比較容易「有關係就沒關係了」：

1 引起對方興趣

2 運用對方熟悉的用語

3 以不費腦的問句探問

平常有互動，有了解，就建立了關係。

當彼此有歧異，基於有了解，也就比較沒關係了。

## 滿足好奇心，尊重孩子

有一天我在臉書貼了一張女兒邊晒衣服、我坐在紗門另一邊陪聊的照片，有幾位家長私訊詢問，如何讓自家的「省話一哥」或一姊願意開聊？

對我來說，這是很自然的，因為我很單純就是模仿我媽媽。

我們家手足每週六一定回石牌媽媽家相聚，即使 COVID-19 第三級疫情警戒時，我們也會定期視訊聊天。記得有一次聊天時，哥哥的主管來電要講事情，他很鄭重的對主管說：「我正在和我媽媽說話，我一週只跟全家說一次話，很重要。」主管馬上停止奪命連環叩。

媽媽怎麼會那麼有吸引力，讓我們很喜歡聚在一起說話，或跟她說話呢？

### 1 媽媽不會反駁我們，也不會給建議

她不會給建議、不會評論，也不會勸你不要生氣，就是單純的聽，有問題就問，讓我們有一種被聽懂的感覺，很有歸屬感。

## 2 媽媽會觀察，記住細微處，以此開啟話題

某個週六我穿了一件很多年沒穿的衣服，媽媽注意到了，問我怎麼會想拿出來穿，光這句話就可以引出很多可能性。

我說衣服太多了，有些都沒穿，因此規定自己這週黃色衣服配黃色包包，下週綠色衣服配綠色包包，穿過的就不可以再穿，這件衣服也因此重出江湖。

被注意到細節與用心令人開心，而且感到被重視。尤其是被說：「哇！你怎麼那麼有創意？」「你是怎麼做到的？」完全滿足了自尊，超爽的，所以很愛和媽媽聊天。

## 3 媽媽會問我們意見

媽媽好學，因此常常會問我們問題，聽取意見。我們孩子覺得自己在媽媽眼裡是有價值的，心裡也很高興，很喜歡和她聊天。

這點我也有學到，偶爾看到兒子晒衣服時在聽 Podcast，我會問他正在聽什麼。他對我講述時，我感到有趣又驚訝，他也很開心能給我一些新知識，因此喜

歡講給我聽。

## 4 讓聊天單純是聊天

我們家不會聊問題，有問題就好好談那個問題。既然是聊天，那就是不翻舊帳，讓聊天變成愉快的體驗與記憶，才會喜歡聊天，不會聽到對方開口說「我想跟你聊一聊」就背脊發涼。

## 5 創造共同話題

有一天媽媽問我最近都吃什麼，我說最近喜歡吃甘蔗雞，她就要我買半隻給她，這樣就有話題了。

兒子喝膠囊咖啡，雖然我喝手沖咖啡，也會好奇的跟著他嘗鮮，到膠囊咖啡店裡逛逛。

有一天他去補貨回家後對我說，他覺得會喝膠囊咖啡的人有特定的樣子。我回說我也有同感，我覺得會喝那個品牌膠囊咖啡的人對整個世界充滿好奇，有獨特品味、很重視設計感。

因為共同的經驗與話題，我有機會回饋對兒子的讚賞。如果沒有共同話題，硬要讚賞兒子「你很有品味耶」，他也會覺得我很假。這麼一想，其實親子要能聊得起來，就跟朋友聊天一樣，要聊他有興趣的，而且你不會去反駁朋友，人家沒要你給建議，你也不會隨便就給。

其實要能聊得起來，還有好多方法，然而基本上就是不要讓對方把聊天和「等一下可能會踩到雷的恐懼」、「無聊」、「和我有什麼關係」連在一起，並且提供彼此讓生活更方便美好的資訊，滿足彼此的好奇心，使彼此得到被愛與被尊重的感受。

## 敞開心情，不帶批判

記得某天我問兒子最近有什麼好玩的事，他說最近在玩「對馬戰鬼」（Ghost

of Tsushima），我問這個遊戲在講什麼，他跟我說是關於蒙古與高麗派軍攻打日本的對馬島，主角是武士境井仁。

境井仁成長過程所受教育是身為武士就得以武士道堂堂正正與敵對戰，然而在對馬戰役中，在以寡敵眾的窘境下，再加上種種的巧合與不得不，境井仁和一名小偷合作，學會了暗算之術。

兒子簡要的跟我說，後來境井仁毒殺敵軍救了對馬島，然而此舉違反武士道，領主派境井仁的舅舅志村去追殺境井仁以洗門風。

兒子說，在遊戲中境井仁可以選擇殺舅舅以活命，或是放走舅舅但自己要浪跡天涯。

我問兒子他選什麼，他說放走舅舅，然後自己去浪跡天涯。

我說：「電影總會有對方後來追上他，然後說：『你本該殺了我，讓我沒機會殺了你。』這樣的橋段，你還放走舅舅不就留下後患了嗎？」

兒子說：「我寧可浪跡天涯也不願意違反自己守護親人的原則。況且，只要有能力，浪跡天涯不過是換個地方生活，我不是沒有選擇，因此在權衡之下，還是願意做這個決定。更何況，殺了舅舅就不會有人繼續追殺我嗎？我很懷疑。」

我說：「你的選擇周詳多了，我想到的只有生存。」

因為「對馬戰鬼」，我和兒子有很多對談，印象特別深刻的是他告訴我，深信自己的所見是唯一的真，是一件很危險的事。

他說這個遊戲是英國人開發的，就因為英國人不了解武士道，所以用完全敞開、全面向的、好奇的態度來了解武士道，開發出兒子口中的「比日本還日本」的遊戲，不僅展現了日本武士道精神，也挑戰了其矛盾。

兒子的介紹引發了我的好奇，談話後我上網深入了解「對馬戰鬼」，當我得知主角是舅舅養大的，更是了解兒子何以做出寧可浪跡天涯的選擇。

日前我和家長、老師們有一場對談，有人談到繭居沉迷電玩的孩子，有人談到拒學，也有人談到面對輔導堅持緘默的孩子，他們想知道我對這些問題有什麼解決方法。

即使同樣是繭居、迷戀電玩、拒學、堅持緘默，隨著孩子不同，樣貌也可能全然相異。然而，我還是想從另一個面向來探索可能的解決方法。

在前文我和兒子的對談中，我帶著敞開的心情，不帶批判，只是好奇的詢問他生活中的趣事。當我不是一開口就政治正確的關心「正事」，而是想要聽聽兒子生活中好玩的部分，他便會毫無顧忌的與我分享。

兒子知道媽媽不會打槍他，不會藉著他的回答掃興的教育他，更不會批評他的選擇有多愚蠢，所以願意巨細靡遺的讓我知道他在電玩世界裡的種種。我因此聽得到他的價值觀，聽得到他如何做選擇，更重要的，是我因而看到他的智慧。

當我如實回饋對他的智慧的欣賞，或表達對他的選擇的好奇，因為兒子能自由的表達，在我們的關係中感到舒適，根本就不需要躲在電玩世界向他人取暖，也不需要藉著贏得點數來取得成就感。

回到前文家長與老師們的提問，面對孩子的種種議題或問題，我的建議別無其他，首先就是不帶批判，用好奇與接納的態度去了解這個孩子看到、感受到的世界像什麼樣子。

或許在了解他的世界之後，問題不再是問題，議題也不再是議題。

即使問題或議題仍然存在，也因為有了更寬廣的觀點，而能夠做出合適且有效的回應，不會重複早已使用千百次，就算無用卻還繼續的無效策略。

繭居沉溺電玩的孩子，你在玩什麼？我想知道怎麼這麼好玩。

拒學的孩子，你在學校碰到什麼人事物，讓你這麼不想踏進校門一步？

面對輔導老師不想講話的孩子，沒關係，我們一起去超市，一起去散步，一起去遊樂場。人生不是只有學校，你不想進去，那我們出去走走吧！

孩子，我不曉得這麼做會改變什麼，但我只想好好了解你，和你在一起。

## 給予自尊，不訕笑

電視上常常看到被詐騙的新聞，看到網友批評訕笑被騙的人，我心裡對他們在真實世界人際關係上的處境感到不忍。

有批評訕笑習慣的人會很寂寞。

他聽不到家人內心脆弱的聲音，家人受傷時也會瞞著他，以免說出來會受到二度傷害。

某天回媽媽家時，女兒談起曾在台北車站附近遇到新聞上「姊姊請借我五十元坐車回家」的那個人，她當時還真的拿了五十元給那個人。後來再度在台北車站看到同一個人做同樣的事，她才知道自己被騙了。

聽到女兒的分享，家人的反應是什麼？

我哥哥沒有說教，而是也說了一個被騙的經驗。

他在國外機場遇到一位外國人向他宣教，並且拿了一本很厚的書說：「請捐給我們五十元，這本經典送你。」

哥哥被這位宣教人的精神感動，並想著那本書應該不只五十元吧？於是拿了五十元給他，跟他說書不用送了，旅行中不方便攜帶。

這件事情發生時，大嫂並未在旁邊，也不知道發生過這件事。

後來他們夫妻會合，在機場走著走著，再度遇到同一個人。

距離大老遠，大嫂就拽住哥哥的衣袖說那個人有問題，離他遠一點。

哥哥當時才大驚，原來自己被騙了！

哥哥問我們，大嫂為什麼知道那個人有問題？因為大嫂的原生家庭在市場做生意，從小就得在沒有大人的看顧之下賣東西，被騙、吃虧的經驗一定沒少過，因此對騙子的敏感度很高。

這場簡單的對話可以看出來，我們家孩子為什麼願意說出受傷丟臉的事。因為不會被羞辱。

以女兒分享被騙的經歷為例，我哥哥並沒有擺出教導者的姿態，而是回應並且分享類似的經驗，讓說話的人感到自己沒有被看扁，也透過分享，歸納出兩次經驗共同的盲點。

你可能會問，不唸孩子，他們能學到什麼嗎？

可以。

即使其他家人不曾有過這樣的經驗，但在很輕鬆的氛圍下，大家也學會了分享的人想要傳達的意思。

媽媽家的鄰居說，週六晚上經過我們家總是熱鬧滾滾，人聲鼎沸。

我想是因為每個人都很小心的護住對方的自尊說話，視犯傻、失敗為人生必經的過程，沒什麼好羞恥。

也因為這樣，孩子做重大決定前也願意說出來和其他人商量。家人也不會看著悶葫蘆似的孩子擔心，煩惱孩子到底在想什麼？

聽到別人犯傻、失敗很想批評，那是很自然的事。

但如果批評說教讓家人離你愈來愈遠，那請勒住舌頭，不要說出來，換個有用的方法。

## 找到說話的好時間

常常有人問我閒暇時做什麼，有一陣子我最喜歡做的事情是看「谷歌地球」（Google Earth）。

例如，英國女王伊莉莎白二世（Elizabeth II）過世時，新聞連帶提起了她的丈夫希臘與丹麥王子菲利普（HRH Prince Philip, Duke of Edinburgh），我沒上過普通高中，不熟地理和歷史，不理解為什麼一個人可以是兩個國家的王子，就好奇的先看了谷歌地球上兩個國家的地理位置。看了更不理解，希臘與丹麥離那麼遠，感覺上是八竿子打不太到的國家，於是更加疑惑，到底原因為何？

雖然我可以繼續在網路上查找，但是台大歷史系畢業的女兒就在面前，很自然的我就想開口問：「為什麼英國女王的老公可以同時是希臘與丹麥的王子？兩個國家離很遠耶！」

然而我抬起頭，看到剛下班的女兒像爛泥般癱在沙發上滑手機。

我心裡想著，這不是個好時候，她現在不是隨時都可以打斷的狀態。她如果口氣不好，敷衍兩句，我會不高興，於是我先把問題寫下來，免得忘了。

我繼續好奇的轉著谷歌地球，看到台灣兩邊的海顏色不一樣，雖然知道海深不同，顏色本來就會不一樣，但我還想知道多一點。雖然抬頭問女兒很方便，她只要花一分鐘就可以回答，我養她這麼大，難道一分鐘都不能給我嗎？

雖然她可以給我一分鐘，但品質不好，我不要。於是我還是寫在備忘錄裡。

等女兒起身要去洗澡了，我才開口：「我有兩個問題想問你，不曉得你什麼時候有空？」

女兒了解是什麼問題後，說：「我想想怎麼跟你說，洗完澡再說。」洗完澡的女兒神清氣爽，身心狀態很好的和我話說從頭，讓我感到很被尊重，也很滿足。

兒子曾經跟我說，他的青春期沒有叛逆，因為他不需要。

有一陣子，倒垃圾是兒子的工作。

即便他打電玩打到如火如荼沒去倒垃圾，我也不會在他正與敵軍交鋒的時候叫他一定要馬上去，而是等他停手才開口：「我看到垃圾還沒倒。」問他何時會去處理這件事。

即使他後來又玩到忘記自己的承諾，我仍然等到他是在可以理性講話的狀態時，才開口說：「我看到垃圾還沒倒。」用好奇的態度問他碰到什麼困難，為什麼沒依照原定計畫去倒垃圾？我能幫什麼忙嗎？

兒子說，我都會先問他：「這是一個說話的好時間嗎？」我尊重他，好好跟他說話，他也就不需要叛逆，能和我好好對話。

昨天我獨居的八十幾歲媽媽打電話來：「阿珍，在忙嗎？剛回到家嗎？現在是個說話的好時間嗎？」

媽媽確認我是在可以好好說話的狀態時，才繼續說：「我看到一位醫生說，不要一直想著自己幾歲，而是該做什麼就做什麼，我覺得很有道理。」

我說：「我也這樣覺得。如果想著我八十幾歲了，腦中會有個八十幾歲該有的樣子，不知不覺中，行為和身體狀況也會變成想像中那個樣子。」

媽媽說：「你方便幫我買那位醫生的書嗎？」

我把媽媽說的書名記下來，結束談話後順手上網訂書，能和媽媽聊天、幫媽媽一點小忙，我覺得很開心。

從前文幾件生活小事，我想分享的是，從我的觀點來看，為什麼我的親子關係溝通無礙，還有我和母親的關係始終有愛。

如果我正在忙，媽媽打電話來談她看電視時，某位醫生說了什麼，我的念頭可能會是：「你到底要說什麼？講重點。」

但媽媽先確認我是在可以聊天、可以接收訊息的狀態，才開口和我說她的所見所聞，而我也在一個好的狀態，可以和她說我對這件事情的理解，母女之間連結得很好。

而我和兒女之間的關係，承襲了媽媽對我的尊重，我也學會觀察他們的狀態，選擇一個好時間邀請對方和我說話，這樣我就不會被孩子不耐煩的口氣惹怒，孩子也不會怪罪我對他們呼來喚去、不管他們的感受。

確認彼此是在一個準備好的狀態再互相連結，溝通無礙，彼此有愛。

02

# 好好聽孩子說話

好好的聽，好好的讓孩子把話講完。

家長要忍住指導的欲望，要問他問題而不是指導他。

在電影「舞動人生」（*Billy Elliot*）中，入學委員會的委員問小學生比利．艾略特（Billy Elliot）：「你跳芭蕾舞的時候感覺像什麼？」

比利說：「我不知道。」

委員有些失望。

比利笨拙但努力的試圖描述他跳芭蕾舞的感覺，大意是：「我消失了。我覺得自己像鳥。我覺得自己像電。對。像電。」

這段話對我的意涵有兩個層面，第一個是「同在」的經驗。

當我們和眼前的人事物在一起，沒有評價，沒有背負著過去，也沒有擔心未來，而是單純和眼前的人事物互動。

我，消失了。

在當下，我們合而為一。

感受到像電一樣的心流。

如果你現在因為某事煩躁，試試和眼前相遇的人事物同在。

你可能會進入心流狀態，或至少放下煩惱。

第二個是領悟到要有耐性等孩子說話。

讓孩子練習表達，他才有機會得到想要的位置。

比利拙於表達，缺乏語言來幫助入學委員了解這個名額非他莫屬。

一開始，從委員的表情可以看出來，比利是沒機會了。

但是委員靜靜的等他，他也盡力表達，終於讓委員知道他與芭蕾舞是如此的水乳交融。

心流很難表達，但因為被耐心等待，比利仍竭盡所能用有限的語言表達那絕妙經驗。

別急，給孩子時間，你會聽到他的聲音。

## 好好的聽，好好的說

我以前沒見過永芳，某天她找我做諮詢，討論她論文可行的方向。

永芳一開始講構想時，我嚇到了。她說得超級快，我聽不懂。我說：「我需要你慢一點。」她完全沒反應，不斷的講，我也跟著愈來愈大聲的請她慢一點，最後需要大吼請她停下來，永芳才停下來。

我等她完全沒聲音時，才開口說：「我需要你慢慢講，我才聽得懂。」

永芳說：「好。」

然而，當我試圖請永芳釐清一個問題的時候，她說話的內容沒有前後、沒有背景，我仍然聽不懂她在說什麼。於是我請她像帶著視覺障礙的朋友走路那樣，想像我可能會碰到什麼困難。

接著我們的溝通就很順利。原先永芳講話是沒有間斷的，我聽不懂時找不到機會詢問她，後來她刻意放慢速度，我有機會可以見縫插針發問，談話速度就進入很舒服的狀態。偶爾她又會加速到我聽不懂的狀態，我提醒永芳後，她就又會刻意放慢速度，隨時核對我有沒有聽懂。

論文方向的建議講一個段落後，我詢問她為什麼講話這麼快。

她說小時候表達不是很清楚時，爸爸、媽媽、阿公、或是阿婆會很快的幫忙接話，所以她很少有機會完整表達完一句話。

我說：「爸爸、媽媽、阿公、阿婆好厲害，都知道你在想什麼，你開個頭他們都猜得對。」

永芳搖搖頭說：「沒有，他們講的不對。但他們講的不對時，我想要澄清，他們還是不讓我講完，硬是要說，總要我不用說了，他們知道我要講什麼。」

我問：「他們從來沒有讓你講完嗎？」

永芳說：「偶爾我很生氣的大叫，他們會很勉強聽完。可是聽完以後又自顧自的講自己認為的，根本沒把我講的聽進去，認為我講的跟他們講的一樣，不要再浪費他們的時間。」

我恍然大悟：「有沒有可能你講話又快又大聲，還沒確認對方是否聽懂就想一口氣講完，是因為怕浪費對方的時間？或是怕他們不讓你講？」

永芳說：「對。我自己知道從小沒機會講話，表達不是很好，要讓人聽懂有困難，所以會很急，想趕快講一講不要浪費人家時間。至於很大聲，應該是從小到大要是沒那麼大聲，人家就不會讓我講，而且那時候已經很生氣，所以又急、又氣、又大聲，久而久之就變成習慣。」

我點點頭說：「對不起啊！剛剛請你慢下來時，我也很大聲的制止你，這樣很不好，好像我不讓你講的樣子。我制止你不是不讓你講，反而是想要聽你說，只是我聽不懂，必須要請你停一下讓我提問。以後我應該要怎麼讓你知道我聽不懂，需要你慢下來？」

永芳說：「你跟我直說就好了。」

我說：「那如果用說的你聽不到，我舉手可以嗎？」

永芳說：「可以。」

大學同學說我的人生被分配到頭獎自己都不知道，現在我知道了。

當我需要講話時，媽媽都沒有在忙什麼，就是嗯嗯嗯，點頭，我講完就跑掉了，當時並不覺得媽媽有什麼了不起。

現在回想起來，媽媽真的很了不起。養七個孩子怎麼會沒在忙什麼，但她總把聽孩子講話看成很重要的事，和把家事做完一樣重要。

記憶中，她不曾給我什麼建議，就只是好好的聽，好好的讓我把話講完。

我想，我那麼喜歡自己，覺得自己是尊貴的人，不需要屈就什麼，那是因為我媽媽總是好好的聽我說話，讓我覺得自己是值得被傾聽的人。

我想，我之所以能表達得那麼有邏輯，講故事那麼有趣，是因為媽媽讓我好好的講，讓我現在能文章多產到讀者看不完，但讀起來仍是輕鬆愉快的。

不讓孩子好好說完一句話會有很大的後果，孩子會有挫折感，會有怨念，會對人講話大聲，出社會以後，在這個處處需要溝通的世界，求生存會很辛苦。

所以，好好的聽，好好的讓孩子把話講完。不要給建議，聽就好了。

## 給孩子說話的機會

女兒確定自己不適合勞動工作以後，便離職準備隔年公職考試，但有時候還是會去兼職賺零用錢。歷史系畢業的她剛開始做行銷企劃有些吃力，尤其是做會議紀錄時，有很多專有名詞聽不懂，得不斷上網學習才能順利完成。

有一天，她跟我分享上班時發生的事：「今天公司和業主開會時，我在會場做紀錄。業主問我老闆：『每樣商品打九折比較吸引人，還是買三千送三百？』老闆忽然轉頭問我，你覺得呢？」

我心頭一驚，在業主面前問兼差打工沒專業背景的小妹不是找死嗎？

女兒繼續說：「我就說，我認為不同的行銷策略會吸引不同的客群。買三千送三百，吸引的是對這個商品還沒有忠誠度，純粹看到折扣而被吸引的客群。每樣商品九折的策略，則是會吸引對這個品牌已經有忠誠度，專程等打折時一次大量購入的客群。」

會議結束後，老闆說對我的表現很驚訝，因為我只不過是臨時來做紀錄的小妹，卻能在專業術語滿場飛的場合，在業主氣勢凌厲、嚴謹評估公司是否有能力賣他們產品的氣氛下，還能冷靜分析、侃侃而談。老闆問我過去是不是接受過哪些訓練？」

一起聊天的兒子說：「我認為是媽媽讓我們握有說話權。從小我們和媽媽只要意見不一樣或有衝突時，媽媽會讓我們有說話權。只要講得有道理，她就會同意我們的觀點，願意讓步。即使我們講得沒道理，她也從來不說我們錯了，而是提出問題請我們進一步釐清。長久以來，我們已經習慣說服握有權力與資源的媽媽，因此在職場面對老闆或是握有生殺大權的人，不會腳軟，再加上媽媽常常提出問題挑戰我們的漏洞，所以我們很注意邏輯，非常會分析，也很會為自己的論點辯護。」

在人工智慧取代人類勞動力的時代，只有溝通與說服他人的能力可以比得過機器人。

要具備這樣的能力，從孩子小時候就要讓他有說話權。讓孩子有說話的機會，除了能訓練口條，還能訓練邏輯、訓練自信。要讓孩子能在這個過程中把口條練好，邏輯夠清楚又有自己的觀點，家長要忍住指導的欲望，願意以傾聽來鼓勵孩子用精準的話語說服握有權力與資源者。如果孩子講得有道理，父母要願意放下面子與權威讓孩子贏，這樣孩子才會有自信。

我自己觀察學校申請入學的考生面試時的回答，有個感悟是「讓孩子好好把話說完」的重要性，要好好的聽，不要打斷他，要問他問題而不是指導他。

你想想，任何的面試不就是這樣嗎？

如果你的孩子習慣握有權力者出現在他前面時，就是要質問他哪裡錯了，他的心裡莫名就矮了一截。

如果你的孩子習慣和你討論，心中無恐懼與對立，他去面試時心裡是自在的，即使因為在意而有點緊張，也會因為積年累月的習慣，很自然的啟動邏輯辯證的神經路徑，被詢問時不會一下子就腦中一片空白。

有時候，我聽到學生回答問題時，在語句間一直出現「然後」，話尾常常自己接「嗯，對」，就可以知道他並不是常常有機會說話的人，他的言語間透露了沒自信的訊息。

父母的工作不僅在保護與導正孩子的行為，也在預備他成人生活在社會走跳的能力。

保護導正孩子之外，要把他當同事一樣說話，這樣對他職場面試或與同事相處時的表現都會很有幫助。

## 練習傾聽、嘗試與等待

我的工作多是在聽別人說話。孩子的狀況起起伏伏，狀況不明朗時，我願意傾聽、嘗試與等待。

兒童專家常說，願意等待的孩子會有比較好的「成就」。「成就」這個定義太多元與模糊，我從腦部的功能來說，願意等待的孩子，前額葉的發展比較發達，做出來的決定會比較合適有效。換言之，願意等待是一種重要的能力。這個能力不僅對孩子重要，對成人更是重要。

從孩子還是嬰兒開始，家長願意傾聽、嘗試與等待，是很重要的。嬰兒不會說話，他渴了、餓了、屁屁濕了不舒服、想要被抱抱，是沒辦法用語言表達的。你只能觀察、只能猜，嘗試不同的方法讓他舒服一點。即使方法皆已用盡，孩子還是一直哭，你也願意等一下、觀察一下，看看是不是隨著時間發酵，狀況會有變化。

家長願意傾聽、嘗試與等待，不只對嬰兒而言是重要的，對會講話的學齡兒童、青少年，甚至伴侶、長輩、職場的同事，統統都重要。他們彆扭起來、生氣起來，說話的能力就退化到嬰幼兒狀態，會說不出來或詞不達意。

因此，願意傾聽、嘗試與等待，是一種讓人際關係閃閃發亮，讓你無往不利的絕技。

這個能力要怎麼訓練？

首先，從願意對自己傾聽、嘗試與等待開始訓練。

有一天，兒子和女友小兔兔還有小兔兔的父母去吃薑母鴨，幫我打包了一份回來。隔天中午我就把薑母鴨當午餐吃了。

當天晚上，我在臉書看到「電競說書人Vocal」帶媽媽去了土耳其，然後又去看極光。我心想，好像可以喔，雖然寒假很短，但是搞不好有個旅行團忽然有人退團，我剛好可以補上去衝一波，接著便上網開始專心搜尋有沒有過了大年初二就出發到土耳其的旅行團。忽然間，我感受到身體不舒服。

於是，我問我的身體說：「我要出國玩，讓你想起幾年前去京都玩了幾天，回到愛知教育大學宿舍後大病一場的事情嗎？沒事，這次我們不會那麼辛苦，不走苦行團，要參加很舒服的那種。」

過一會兒，身體非但不舒服，還有一種痛苦的感覺。我不知道自己怎麼了，試著安慰身體：「真的很不想去嗎？不去了，不去了。照顧你最重要。」

過了一小時，還是很不舒服，我猜是不是心律不整又發作了。我量了血壓，哇！心跳真的很快。我多吃了一顆治療心律不整的藥，然後就上床準備休息。

我把床弄得很舒服，還特意用棉被和枕頭堆成防空洞，讓我可以躲在裡面。這是我從觀察動物行為學來的，牠們受傷時會躲在洞裡，這樣有安全感，所以我很喜歡躲在棉被洞洞裡睡覺。

到了半夜，我肚子痛醒還拉了肚子。啊！不是因為要出國玩我的身體不開心，也不是心律不整發作，是因為薑母鴨。

身體就像嬰兒一樣，不會說話，只會哭，當我們願意常常練習對自己傾聽、嘗試與等待，當這些神經路徑練得很順，面對別人不舒服時，很自然也就願意傾聽、願意嘗試、願意等待了。

如果平常不傾聽自己也不試著讓自己舒服，而是一味勉勵自己、逼迫自己、要自己忍耐、叫自己快點好起來，沒對自己好過，要怎麼知道對別人好的方法？

要與人和好，請先對自己好。

## 聽到孩子的訴求

女兒看到出版社寄來依附理論祖師爺約翰・鮑比（John Bowlby）的書，有些驚訝：「媽，你不是說如果沒辦法推薦，拿了人家的公關書會有壓力嗎？」

我說：「對啊，可是我真的很想看他的書。」

女兒說：「依附理論在講什麼啊？」

我說：「很難一句話講清楚，簡單說，如果不是我對依附理論算相當了解，就很難理解為什麼你們都不黏我。」

女兒問：「什麼意思？」

我說：「你哥哥稍微大一點以後就不太黏我，四處探索，我就覺得怎麼他那麼忙，我好無聊喔！所以又生了你，然後你也是，四處探索，不會像無尾熊一樣一天到晚黏我，讓我沒什麼做媽的感覺。雖然覺得有點失落，但因為讀過依附理論，知道正是因為你們覺得和我之間的關係是安全的，隨時回頭我都在，你們有什麼需要，我會依照你們的需要回應，所以你們就很放心的去探索了。

「如果我一天到晚威脅你們說，我不要你們了，然後躲在角落看你們有沒有在哭，要是在哭著找媽媽，就自我感覺良好的說：『我的孩子好愛我喔！』那你們就會因為不知道等一下回頭媽媽還在不在，而不敢去嘗試與探索。像有些家長超級凶，孩子一哭就揍，久而久之孩子就不敢哭，不敢有情緒，然後孩子就看起來呆呆的，沒什麼表情。還有些家長根本沒有在注意孩子，造成孩子對家長毫不信任，於是對家長甚至對人類就沒有什麼連結，很冷漠。

「我覺得如果大家都懂得依附理論，知道要觀察孩子的需要、回應孩子的需要，讓孩子覺得這個世界可以信任，覺得這個世界是一個有溝就會通的世界，那他對別人所釋放出來的訊息也會給予相對應的回應，別人對他也會有那種可以溝通的感覺。

「媽媽最近不是在研究有些兒童為什麼會殘忍對待別的孩子嗎？如果有人問

他說：『那個孩子都哭到身體縮起來了，你為什麼還繼續打他？』他會說：『我哭我爸媽也照打啊！所以他哭關我什麼事？照打！』看很多這樣的例子後，我就覺得認真對待孩子的需求、給予適當的回應是必要的，而不是用打、用威脅來消滅孩子不乖的行為。現在這樣對他，他以後就會這樣對別人，甚至對父母。」

我記得自己小時候常常跑出去玩，媽媽問我為什麼不喜歡待在家裡？我就老實講：「因為我寂寞啊！」我忘了媽媽的回應是什麼，但她沒有駁斥我，認真聽進去了。

國中升高中重考，我被補習班老師打到開始逃學，媽媽並沒有罵我浪費學費，而是回應了我無法一邊被鞭打同時還能腦袋清楚讀書的事實，就讓我在家讀書，等到第二年再考一次。對於我的逃學，媽媽不會用情緒勒索或跟補習班一樣逼我、打我要我回去，而是真正看到這個孩子再打要變笨了，願意換其他計畫。

我媽如此善待她所有的孩子，因此我們也如此回應她所有的需求。

她八十幾歲還獨居，孩子都希望她來跟自己住，媽媽說這樣她就沒朋友了。

她的訴求我們聽到了，也尊重她的選擇。

不跟孩子住，那在媽媽家安裝監視器好了，她說這樣自己就沒隱私了。她的訴求我們聽到了，也尊重她的選擇。

我們想買高階一點的智慧型手機給媽媽，她覺得老人機簡單、好操作。她的訴求我們聽到了，也尊重她的選擇。

直到二〇二〇年藝人黃鴻升（小鬼）於家中猝死的新聞在電視上不斷播放，我們開始派出小輩展示 Apple Watch 給媽媽看，她終於同意跟我們到直營店選購讓她不安、但仍願意嘗試的尖端科技產品。

我們做孩子的大可以偷裝監視器或來硬的，但是我們沒有。因為媽媽在我們小時候就是如此慈悲的回應孩子的需求，尊重孩子的選擇，而不是要我們順從她的意志，消滅她感到不滿意的行為。

我喜歡安全依附關係所建構的家庭關係，這樣的關係讓我感受到慈愛、接納與同在。這樣的關係讓我好喜歡媽媽。

# 03

# 無條件擁抱孩子

觀察與回應孩子的需求，尊重孩子的選擇，
在受到尊重與被支持的氛圍下，家庭如同地心引力，
不需要規定，孩子很自然就會被吸回家。

女兒回到家，東西一丟就把自己扔在沙發裡：「唉唷，我長這麼漂亮，怎麼像個流浪漢似的，這個沙發應該有我的人形了吧？」

女兒對自己外貌的滿意，我不只一次嘖嘖稱奇。她可以邊哭邊說：「嗚……還好我有美貌，要不然書讀不好是要怎麼辦？」連照鏡子哀嘆自己的臉坑坑疤疤都會說：「唉唷，我臉上這麼多洞怎麼還這麼好看啊？」完全無法被打敗！

日前我和大學社團同學國斌聯繫上，談起我在東吳大學任職時，掛名專門談論陰陽五行的河洛社指導老師。一時興起，我請國斌幫我八字論命。

國斌說：「姊是靠口才吃飯，不是靠臉。」

我說：「唉唷，我也長得不錯啊，竟然是靠口才，哈哈哈！」

講完我自己都笑了起來，女兒根本是復刻我對外貌的自信，明明我離婚二十幾年來沒半個男生追求我，偏偏不曉得哪來的自信，就是覺得自己長得好看。

過了幾天，有個朋友跟我說，她女兒覺得自己很醜、沒人愛。朋友很傷心，不知道自己做了什麼或沒做什麼，讓女兒把自己看得這麼扁。由於我文章裡出現好幾次女兒覺得自己好美的情節，朋友問我怎麼讓孩子對外貌有信心。我一時回答不出來，就說我回家觀察一下再告訴她。

後來我發現，女兒該睡的時間，她房間卻還亮著燈，我會探頭說：「古錐ㄟ（小可愛），十一點了。」看到剛起床、頭髮亂七八糟的女兒，我也會跟她打招呼：「喂，古錐ㄟ，你怎麼那麼古錐啦？」看到女兒，我就是滿心歡喜，覺得她好古錐，也會被她的古錐萌到。

至於我又是怎麼對自己的外貌感到滿意呢？啊，是我阿公啦！

阿公只要看到我，就會笑咪咪喊我：「古錐ㄟ！」也不是因為我做了什麼好事，很單純的就是看到我就喊：「古錐ㄟ！」久而久之，毫無來由，認為自己外貌很可以的認同就烙印在我骨頭裡了。

我和女兒是對自己的外貌很有信心，兒子則是對自己的觀察敏銳、記憶、分析與舉一反三很自豪。

我的知識範圍相當限縮在人際互動，對於世界上發生什麼事毫無概念，經常有看沒有到，必須兒子解析給我聽，才會恍然大悟。有時候，兒子解釋新聞背景給女友小兔兔聽，我在旁邊聽到也經常驚奇不已。

我如此經常反映自己的大驚奇，讓兒子對自己的觀察力和舉一反三十足肯定，認同自己的各項長處。

這麼說起來，孩子怎麼看自己，就和父母長久以來，怎麼反映自己對孩子的看法有關了。

當然，孩子廁所沒掃、垃圾沒倒，我絕對不會放過他們，必定溫和而堅定，軟磨硬泡到他們完成分內工作。但是在生活中，我們更多的互動是在分享好玩的事與欣賞彼此。

久而久之，孩子知道他們在我心目中是美好的，媽媽一開口不會讓他們反射動作想逃，覺得「媽媽要說我的不是了」，而是等著「媽媽又要說我好了」。

## 在生活中撒糖

我和兒子、女兒就像室友，各過各的生活，不常一起出去吃飯，也很少一起出遊，但每天會在平淡如水的生活中彼此撒點糖。

撒糖很簡單。

我嘗試新的穿搭，兒子說：「好看喔！」我一整天可能就只聽到他說這句話，其他時間看不見人影，但我的心很簡單的就被這三個字給撒糖了。

女兒從捷運站打電話回來說：「幫你帶鼎泰豐回去好嗎？前幾天你叫外送叫不到，我來當你的外送員。」

雖然我早就趁著人潮少的午後解饞了，但心還是被她的掛念給撒糖了。

我們是完整成熟的人，可以照顧自己，生活中的需要也幾乎都可以買到，哪有什麼事真的非得要家人幫我們做。家人為我們做的事、溫暖肯定的話語，都是撒糖，讓我們知道自己有被放在心上。

給家人撒糖很簡單。觀察與回應他的需求，做好事、說好話，讓他知道自己被甜蜜的放在心上。

但我得說，我也是有用心付出，才能被兒女甜蜜的放在心上。

如果我一見面就用擔心來表達對他們的愛，這是倒苦汁不是撒糖，吃苦雖然補，但是會讓人怕，孩子躲都來不及，怎麼會把我甜蜜的放在心上？

如果我整個重量都掛在孩子身上，期待天天黏在一起，那就像背著金銀財寶走千里，不僅甜不起來，還會變成苦。

如果我不對孩子說好話、做好事，經過餐桌看到正在吃飯的他們就抱一抱，摸摸他們的頭，我怎麼會是個甜蜜的存在呢？

糖多了膩，少了又難入口。撒糖是剛剛好的甜蜜。

一天對家人說一句好話，做件暖事，足矣！

## 真心感謝孩子

朋友問我：「你是如何把兒子訓練成願意主動載你去上課，並且認為那是一種休息？」我認真想想，可能是因為我懂得感恩和尊重界線。

當載媽媽去上課是一種義務，「我養你這麼大，下那麼大的雨，你載我去上課是應該的」，那麼媽媽對孩子很難有感恩之情，而孩子也會覺得自己在還債。

畢竟很少有人還債是心甘情願的，於是這樣的接送很難是溫馨接送情。

當載媽媽去上課一路上會被碎唸「我早就告訴過你了」、「你就是如何如何才會有這樣的下場」，那是一種被關在密閉空間裡的折磨，如同在壓力鍋裡想逃也逃不掉，很少人會自踩地雷，除非被要求，否則不太會主動要接送。

兒子之所以會主動想載我去上課，或許是因為從他們小時候，無論是每週台北、新竹來回的長途車程或其他旅行，只要在車上，我們總會開心聊天，分享彼此看到什麼、經歷什麼有趣的事。有困擾時，可以預期說出來不會被打槍，不會收到不想聽的建議，只會聽到好奇的詢問，因此很敢分享。

也因為一起開車上路對我們是一種分享見聞和被支持的愉悅經驗，雖然女兒不開車，但她會主動詢問需不需要陪我去大賣場補貨當搬運工。

為什麼我會感恩、我會有界線呢？

我剛懷孕時，對孩子的期待就只有平平安安長大，他們不需要成為什麼大人物，我也不把孩子當做是附屬品，他們也不是我生命的延續。當他們在自己生命的畫布上揮灑，依照自己的道路而行，即使跌倒，即使繞了遠路，我謹守分際，不越俎代庖的干涉。

因為有感恩，因為有界線，當孩子幫我做事，他們會得到真心的感恩，而不是敷衍的謝謝。除此之外，他們還會得到分享心情但被尊重界線的愉悅經驗，所以心甘情願。

## 畫出界線，尊重選擇

兒子和女友小兔兔前往日本池袋短期居住，我因而和弟妹談起好幾年前也曾經和小學同學們到池袋旅行幾天。

弟妹說：「我記得，那時候爸爸剛過世沒多久，你就和小學同學去日本玩，我老公也到國外出差。」

弟妹說，她發現我們家人很看得開，爸爸過世了，事情處理好以後，該出國去玩的還是去玩，該出國去工作的還是去工作，完全不怕別人說什麼。

的確，我爸過世半年後，我和哥哥還在過年期間跑到印度生活了一個月。

我說：「對我來說，媽媽的支持最重要。媽媽如果在意，不讓我去，那我絕對不會去。至於別人，他可以有他的想法，沒問題，我不一定會照做就是了。」

弟妹說：「可是或許媽媽心裡不贊同，只是她沒說什麼。」

我說：「沒說什麼就是支持啦！」

弟妹疑惑：「為什麼沒說什麼就是支持？」

我兒子在一旁打了個比方解釋：「例如我不想讀大學，媽媽不可能很開心，也不可能覺得很棒，但她尊重我的選擇，沒有唸我。即使沒有拿錢給我生活，光是不說什麼，就是支持了。」

我接續兒子舉的例子：「例如我當年出國讀書，爸爸媽媽剛開始表示反對，但我還是堅持要去，爸媽也就沒有說什麼了。即使爸媽沒有拿錢出來供我讀博士，光是不說什麼，就是支持了。」

弟妹若有所悟：「原來對你們家而言，不說什麼就是支持了。」

我在學校上課時，會跟學生說，訓練孩子獨立自主，最重要的是釐清權責，不要碎唸，不要插手，這樣孩子才會從經驗中學習，親子關係才不會緊張。

學生很納悶，不勸、不罵、不插手，家人間會不會就不親了？

從我家的實踐經驗來看，屬於對方權責範圍的事，不勸、不罵、不插手，並不會讓家人間的關係疏離。

以我媽媽為例，我出國去玩之前有處理好爸爸的後事，那就好了。媽媽不會勸我、罵我說：「你得想想別人怎麼看。」

以我自己為例，兒子不想讀大學，他養得活自己，那就好了。我不會勸他、罵他說：「你得想想以後怎麼辦！」

由於我和媽媽都不撈過界去插手孩子的事，也不幫孩子扛責任，我和媽媽的孩子都很獨立自主。

如此不勸、不罵、不插手，看起來各自為政，乍看之下應該是冷漠的，但卻是最喜歡聚在一起的家族。

我哥哥如果醫院不用值班，週六晚上就會回媽媽家。

我弟弟常常在國外工作，週六晚上前會飛抵台灣回媽媽家，週一再飛出去。

我常接到週六的演講邀約，但週六晚上是回媽媽家的時間，所以我大都婉拒、婉拒、再婉拒。

為什麼我們這些事業很忙的成人子女會那麼喜歡排除萬難回媽媽家相聚？因為我們彼此有清楚的界線，只要你有做好自己的本分，不波及他人，我們都會勒住舌頭，尊重彼此的選擇。在如此受到尊重與被支持的氛圍下，家庭如同地心引力，不需要規定，很自然我們就會被吸回家。

我們都好喜歡回家。

## 讓孩子知道，你值得我麻煩

涼涼的媽媽來找我商量一件不曉得該怎麼跟孩子啟齒的事。

涼涼和姊姊很嚮往去讀一所離家四十分鐘車程的學校，但是真的好遠，爸媽說如果姊姊今年考上了，那涼涼明年也可以去考，但如果姊姊沒考上，兩邊接送會是問題。

日前，家裡收到姊姊沒考上的通知，爸媽鬆了一口氣，可以不用接送，但涼涼緊緊追著爸媽問：「姊姊考上沒？姊姊考上沒？明年我可以去考嗎？」

涼涼的媽媽不知道怎麼回答，來找我商量這件事。

我說：「兩邊接送真的會辛苦你們夫妻倆，但讓我先講一個最近發生的事，你再想想怎麼回答涼涼。

「我有位朋友移動都要靠電動輪椅，要學什麼都很困難，教室有門檻的進不去，教室在樓上的上不去，設備高度不符合電動輪椅的人家不收他，因此長久以來，他只能自學所有事情。我在臉書上看過他的雕刻作品，無師自通能做到那樣已經很了不起，可惜沒老師帶，埋沒了天分。

「忽然有一天，他跟我說週末都在大稻埕向雕刻師傅學藝，想趁著來大稻埕時，拿我的書來給我簽名。我很開心終於有師傅願意收他，心裡也有點想當面感謝師傅，就跟朋友說我去他師傅那邊幫他簽名。

「到了師傅家，我問起他怎麼和師傅認識的，他說有朋友介紹他來向師傅要木材下腳料，師傅看到他的作品就讓他週末沒事來這邊走走，就這樣一點一滴開始教他怎麼雕刻。朋友邊跟我說，沉默的師傅邊走去拿朋友剛完成的作品來給我看，我大為驚豔，比先前的作品躍升好幾個層級。我問朋友，師傅教了他多久，居然可以做出這樣的作品？師傅在旁邊接話說：『兩、三個月。』

「我的腦袋轉不過來，為什麼兩、三個月就可以做出這樣的作品？那些圓弧線條都不是用砂紙磨出來的，是一刀下去就這樣圓滑。朋友跟我說，他的師傅要求很嚴格，當他問師傅說：『這樣可以嗎？』如果師傅一語不發的走開，他就知道還不行。

「沒有語言的回饋，我納悶著朋友怎麼還能撐下去，而且還一直進步。朋友說，他到師傅的工作室後，師傅就默默大費周章從家裡搬來機器，還調整工作室的動線與機台高度，讓坐在輪椅上的他能用起來順手。師傅那種『你值得我那麼麻煩』的態度，讓他全部能力都迸發出來，再苦、再挫折，都願意堅持下去。我深深感受到，當一個人接收到他人願意為自己麻煩的訊息時，那種『我值得』的感受足以解除所有自我限制的封印，讓能力與智慧大迸發。

「回到要怎麼回答涼涼明年可不可以去考那個學校的問題，父母當然要量力而為，累壞自己對孩子也不是什麼好事。然而，讓我們想像涼涼聽到『你姊姊沒考上，要特別載你去上學好麻煩』和『沒問題，只要你考上，即使這麼遠我都願意每天載你去，因為你值得我這麼做』這兩種截然不同的回答，她會如何看待自己，或許你們夫妻就會知道怎麼回答比較好了。」

有時候我們當家長的又忙又累，總是會開玩笑說孩子是來討債的。雖然是無心的，但說多了，孩子心情沮喪或和你有衝突時，難免會當真。

下次，不要開玩笑了，讓我們認真捧著孩子的小臉蛋告訴他：「我願意為你麻煩，因為你值得我麻煩。」

這樣，孩子就知道，「啊！我是一個值得被愛的人。」

## 讓孩子感覺被愛

有一次我對幾十位幼兒園老師談親師溝通，有位老師提問：「為何家長老是防著老師，給孩子戴定位通話手表、強力要求裝設攝影機、和老師溝通的時候冷漠以對？」

我詢問老師們，家長來接孩子時，他們大都跟家長說些什麼？

第一位老師說：「通常是今天身體有什麼狀況，需要家長注意。」

第二位老師說：「如果當天孩子的活動讓老師觀察到有些落後的地方，就會請爸爸媽媽配合在家裡加強。」

第三位老師說：「如果沒有什麼狀況，大概就不會說什麼，除非有問題。」

我引導大家彙整這幾位老師的經驗：「你們有沒有覺察到，我們在跟家長談話時，都是在說他的孩子哪裡有問題。有沒有可能因為這樣，家長得到的印象是老師一開口準沒好事或是老師對我的孩子有偏見，一見面就說我孩子不好？」

老師們點點頭。

我說：「為了要讓家長改變這樣的印象，或許我們可以開口說說好事，例如孩子的優點、今天他在學校發生什麼趣事。」

有一位老師舉手發問：「如果這個孩子毫無優點，一天到晚都闖禍，根本沒有什麼優點可以說，怎麼辦？」

我建議：「如果這樣，或許我們可以試試這麼做。每天早上這個孩子還沒開始作亂前，叫他過來，跟他說：『老師看到你就好開心，想抱抱你可以嗎？』」

提問老師一臉茫然，似乎在詢問：「這樣做有什麼幫助嗎？」

我解釋：「當你不為什麼的抱抱他，他會感覺到被愛。當他感覺到被愛時，就不需要用行動、用破壞來釋放內心的不滿，無論這個不滿是從家裡帶來的，或在任何地方累積的。他也會因為無條件被愛，學習到原來一個人可以不做什麼就被愛，他也學會用同樣的態度去愛別人。當一個人在生活當中被愛，他就比較有能力表現出利益他人的行為。

「然而，你一定要在他還沒闖禍前就這麼做，否則一旦他開始搗亂你就愛不出來了，他也不相信你這麼做是在愛他，反而覺得你是在鼓勵他的行為，或是試圖想要用擁抱來改變他。這樣會讓孩子不舒服。」

在保守的文化中，情感的流露通常是不被鼓勵的。久而久之，正向的回饋消失了，只剩下有問題的時候要溝通。

為了打破人與人之間彼此防衛的藩籬，或許我們可以打開眼睛觀察別人的優點，不吝嗇的說出來；伸出我們的雙手，在別人同意的情況下，不為什麼的擁抱對方，讓對方知道你不需要做什麼，就是這個宇宙珍貴的存在。

當你先啟動了愛的循環，先無條件的擁抱孩子，孩子也會以愛回饋這個世界，展現出親社會行為。這讓你能輕易說出孩子的優點。當你說出十個他的優點，即使有一個行為或學習問題需要和家長合作，家長必定相信你是出於對孩子的愛，而不是對孩子有偏見。

PART 2

# 包容，陪孩子走過低谷

# 04

# 同理並接納孩子的情緒

以仁慈、耐心與重複的原則好好陪伴孩子學會面對失落，同理孩子的情緒，讓情緒的雲霧有時間散去。

我的學生陳胤丰大學時是四健會社長，目前經營「鼎農村試驗教育基地」，除了對孩子做農村體驗教育，還有戶外活動挑戰。他在一篇文章中提到，活動中設計了攀爬及各種合作闖關，帶領者要如何面對孩子害怕、憤怒、挫折等情緒呢？畢竟在實驗場中的互動就是一個情緒教育的過程，成人應如何把自己預備好，用具有教育意義的方式帶領孩子走過情緒風暴？

看到陳胤丰提出來的問題，我回想起小時候的經驗。我是四肢五體不勤的人，面對這類挑戰，我的確經歷過各種情緒，但這些情緒不只從挑戰而來，還加上身邊大人的反應所引起的各種情緒，例如：

命令我：「不准哭！」

警告我：「你再害怕就會害你們小隊輸定了。」

否認我的情緒：「你想太多了！」「有什麼好難過的？」

批評我：「你太脆弱了。」

忽略我的情緒，直接告訴我怎麼解決：「哭有什麼用？要解決才有用。」

對我說教：「你怎麼可以討厭爸爸媽媽安排你來這裡？你知道他們要花多少

錢嗎？」「誰叫你自己沒有帶耳朵來，現在這樣是你自己要負責任。」

當時還是孩子的我聽到這些大人的訓勉，除了有罪惡感，覺得自己不夠好，還會對說話的人感到生氣，覺得不被了解。

原本的情緒就已經讓我眼前煙霧瀰漫，加上後續大人如同火上加油般冷言冷語所激發的情緒，我更是如墮五里霧中，完全無法理性思考，行動愈來愈笨拙。

從大人的眼光來看，情緒實在沒什麼用。看到孩子有情緒，立刻反應就是想說點什麼或做點什麼讓孩子的情緒消失，讓孩子理性一點。然而情緒就像痛覺，是人類自備的警報器，響起來令人煩躁，但把警報器關掉或打壞沒有用，反而會讓警報器響得更大聲。

要讓警報器停下來得先找到問題，解除問題後，警報器才會真正停下來。

要幫助孩子冷靜、有建設性的解決問題，可以採取以下步驟：

## 1 先同理並接納情緒

把孩子講的或你看到的事情摘要複述一遍，同理他的感受。

## 2 幫助孩子冷靜

大人引導孩子把注意力放在呼吸，或離開現場去散步。

## 3 幫助孩子啟動前額葉思考

大人提問邀請孩子思考怎麼辦，而不是給建議。

我記得兒子小學三年級時，我們和幾家人一起吃飯、玩牌。大人們聊天時，不知道發生了什麼事，兒子生氣的推倒弄散眼前的牌卡。看到這個場景，我當時思考著，罵他「怎麼可以亂發脾氣」應該會讓獅子座的兒子更沒面子，不僅不會為自己做的事情道歉，事態發展可能還會更糟。於是我輕輕牽起他的手說：「我知道你很生氣，我們出去走走好嗎？」

我們散步走到書店，靜靜的什麼話都沒說。在書店裡，我瀏覽著架上的書，兒子則是走來走去、東逛西逛。過沒多久他跟我說：「我們回去吧！」回到聚會現場，兒子自動跟大家道歉了。

回到家後，我感覺他情緒已經平穩了，才聽他說發生了什麼事，討論以後碰到這類事情該怎麼做。

家長或是老師因為身負教育責任，會急著在出現狀況的第一時間「教育」孩子。然而，在孩子還有情緒時，教育的作為並不具有效能。請稍微等一下，先同理孩子的情緒，讓情緒的雲霧有時間散去，待孩子有能力用前額葉思考時，再和孩子討論，這樣才能真正達到教育效果。

## 靜靜陪伴，清理情緒垃圾

女兒從小就會吸收到別人的情緒，但長久以來並不曉得自己是吸收到別人的情緒，全家陪伴她經歷一次一次的情緒起伏，耐心聽她一次一次的述說，一次一次的分辨，才慢慢發現，原來她是「共感人」。

隨著被老師提醒女兒可能是吸收到別人的情緒，她慢慢學著分辨情緒是自己的還是別人的。例如，女兒和男友感情很好，但忽然強烈無理的妒意襲上心頭，她就會去檢查自己的內心和身邊的人的感受。經常就在這樣的檢查過程中發現，原來是身邊的人在親密關係中遇到問題，女兒純粹是吸到朋友的能量。

最驚悚的一次，是二〇一四年台北捷運隨機殺人事件發生時，整個捷運站瀰漫著驚恐與不安，那個集體能量太強大了，而當時女兒又還沒搞清楚她的情緒起伏極可能是來自於旁邊的人，她強烈想跳軌，但是因為從小我就交代她想死沒問題，要回來通知媽媽一下再去死，所以她掙扎著爬回家，到家後，接近我的能量場，她就好了。

我和女兒相反，我從小就是情緒很穩定的人。幼年時，阿公切菜時不慎劃到我的眉頭，第一時間掏出口袋裡的零錢塞到我手裡，據說我都還來不及哭就很開心去買糖了。

國小時，我拿著玻璃瓶穿過操場，玻璃瓶被球打碎，我的手腕被玻璃刺中，血流如注。當時我走到保健室跟護士阿姨說我流血了，她看到血噴出來，急忙把我送到外科診所縫傷口。我還記得護士阿姨說：「這個孩子真大膽，血流成這樣了都沒哭。」

長大以後舉凡住院開刀或博士論文口試時，跟我握手的人都會說：「真奇怪，你的手怎麼沒有冰冰的。」

我其實不是沒有情緒，只是恐懼時就承認恐懼，想辦法透過練習或改變認知來化解恐懼；生氣時我也一定會讓你知道我不舒服；拉著你解決事情，解決不了我也不記掛著，就放在旁邊，讓時間來帶領或認賠殺出以換得平靜，因此我的情緒一直都算平穩。

慢慢的，女兒學會如果吸收太多情緒自己應付不來，就到我床上躺躺滾滾，像是躺在磁波床上似的，吸一下我平靜的能量，再到她床上睡覺。

有一天我們去參加婚禮，婚禮上太多人了，她像情緒白吐司，吸飽各式各樣別人的情緒。睡覺前她悄悄來我床上滾滾，我說今天人太多了，你是重災區，來跟我睡一晚吧！隔天早上我起床時，發現她已經去我的研究室讀書工作了，這樣我就知道她的情緒清理掉了，否則她會累得起不了床。

學生曾跟我說她的孩子很愛哭，莫名其妙，沒什麼事卻生氣、傷心、難過，有滿滿的情緒。勸也勸了，罵也罵了，打也打了，都改不了孩子的「壞習慣」。

以前我並沒有「共感人」這個知識，但碰到女兒有上述狀況時，我就是接受她哭，不去勸她「你再哭三分鐘就好」，而是讓她趴在我身上哭，我的T恤沾滿她的眼淚和鼻涕時，就跟她說：「你等一下，衣服黏黏的，我換一件你再繼續哭。」我的接受和平靜讓她能在清完情緒垃圾後，得以回到正常生活軌道。

坊間陸續出版了幫助共感人的書，讓我們對共感有了更多的了解。如果你的孩子經常被情緒綁架，或許可以檢視一下，他是否可能和我女兒一樣是高共感人。有了這樣的了解，家長就比較不會那麼擔心、那麼憂慮，也知道怎麼幫忙他和別人之間畫出界線，也會允許孩子想獨處，而不會責怪他怎麼那麼難搞。

## 失落哭泣很正常

年輕媽媽問：「我的孩子執念重又喜新厭舊，讓我很煩惱。他常常心心念念想要買一個東西，不買給他就哭鬧好幾天，最後實在沒辦法只好買給他，結果玩沒兩下又不玩了，把我給氣壞了。

「下次同樣的事情發生，跟他說上次你哭了那麼久，結果買了，玩沒兩下就不玩了，不可以再買。他根本不聽，又開始哭鬧，可以哭個三天、四天、一個星期都沒問題。到底這是要怎麼處理啊？像書上說的那樣堅持，讓他哭下去嗎？他的執念也讓我擔心以後他要什麼東西要不到會崩潰想不開，我也超怕他以後對伴侶喜新厭舊，有著收拾不完的問題。」

我說：「我了解你的擔心。正因為你有這樣的擔心，所以才要堅持不給他，願意讓他哭。」

媽媽問：「可是不給他就哭得天崩地裂，這樣正常嗎？」

我說：「很正常啊！我們大人不也這樣嗎？當我們心中很想要某件人事物時，也是會茶不思飯不想，彷彿只要得到，世界就圓滿了。但事實是拿到手沒多久就一切歸於平淡，世界也沒有圓滿。

「這是人性啊！我們以為自己要的是那個東西，其實真正想要的是解除得不到所帶來的不舒服、張力與痛苦。哭沒關係，哭只不過是因欲望而起的痛苦無法解除所產生的情緒。只要你不加碼罵他，妥善運用應對情緒的三個原則，他哭一哭就沒事了。」

媽媽問：「哪三個原則？」

我說：「仁慈、耐心與重複。」

媽媽問：「要怎麼做到仁慈、耐心與重複呢？」

我說：「孩子開始哭時，仁慈的同理他的情緒，告訴他，我知道你得不到這個玩具很難過。我們說過，月曆走到七月，也就是你生日時，可以買一個玩具，但是現在還沒到七月。每次他哭鬧時，就如此仁慈有耐心的重複。」

媽媽問：「為什麼不可以罵他不守信用亂哭？為什麼他一直哭鬧時，不可以制止他？」

我說：「情緒這種事原本就很難說我答應你不哭，就真的可以不哭。況且我們得不到想要的東西時，例如沒考到證照時，也是很想哭啊！當你一開口罵人，孩子除了得不到東西的失落，還要加上被媽媽討厭的傷心和怕媽媽生氣的恐懼。失落加上傷心和恐懼，好幾股情緒像毛線球糾結在一起，於是愈哭愈厲害，愈哭愈久，最後就算給他東西，他可能都忘了當初在哭什麼，情緒還堵著過不去。」

媽媽問：「真的會有哭完的一天嗎？正因為他可以哭好幾天，我們到目前為止都是戰敗，最後還是只好買給他。」

我說：「每個人執念的長短強弱不同，有人很快就從失落中復元，有些人則需要很長的時間，但的確可以透過訓練來加速復元的時間。」

媽媽問：「放棄執念是可以訓練的啊？」

我說：「可以啊！就像第一次失戀天天痛苦，痛苦一年，第二次失戀因為有練過，腦子已經學到，再怎麼糾結對方也不會回來，很自然就會縮短傷痛期。像我們當老師的論文被退稿也是這樣，第一次自尊重傷，難過好久，慢慢就成了家常便飯，接到被退稿的信，頂多心揪一下，很快就繼續上場戰鬥了。你只要以仁慈、耐心與重複堅持下去，他聰明的腦袋知道再拗也沒用，等到孩子情緒冷靜點後與他討論對策，讓孩子的認知多添加一些可以解除要不到的飢渴的方法，復元的時間便會一次比一次縮短。」

媽媽問：「老師，你這麼樂觀，應該都沒有失落感了吧？」

我說：「我也是會有朝思暮想的東西啊！但我知道即使要到了，也根本不會用，硬去要只不過是解除自己因欲望升起所產生的痛苦。與其去圓滿一個想要而不是需要，我寧可老老實實陪伴自己的失落感。」

媽媽問：「要怎麼陪伴自己的失落感呢？」

我說：「每個人都不一樣。外婆跟我說，小時候媽媽生我弟弟時，外婆把我帶到高雄，讓媽媽好好坐月子。沒想到我失落感超嚴重，每天端著飯碗哭，眼淚不斷滴到碗裡。外婆笑我說哭到飯碗都要淹水啦，我還是一直默默掉眼淚，哭到媽媽坐完月子。每次我心裡有什麼想要而要不到、不能要或選擇不要的時候，那個小女孩的形象就會跑出來，這時候我就會像個大姊姊似的同理她、陪伴她。」

媽媽問：「這樣多久會好？」

我說：「不一定，要看想要的人事物在心裡的分量有多大，但我得說，因為常常練習，我的失落的確因為有練，都復元得挺順利。」

人從一出生每天都在面對大大小小的失落，但卻很少有機會學到如何好好處理失落，如何增進從失落中復元的能力。

孩子哭只不過是失落的情緒表達，就讓我們以仁慈、耐心與重複的原則好好陪伴孩子學會面對失落吧！等他平靜了，情緒的雲霧散去，再和他一起好好討論可以透過怎樣的取代或其他策略，讓自己舒服一點。

## 接受衝突、擁抱衝突

慶齡媽媽問我：「我兒子現在一年級，最近老是說不要、不要、我不要，要怎麼改掉他反射動作想都不想就說不要的壞習慣？」

我問慶齡媽媽發生了什麼事，她說：「我在防疫機關工作，疫情升溫時，週末還是得值班。有一次週六必須值班，我原本都計劃好帶孩子去值班，下班後去逛博物館，沒想到我要兒子帶功課一起去值班時，他立刻大喊不要，完全沒經過思考。跟他講道理也不聽，一直喊不要。磨了半天必須要出門了，我要兒子帶衣服他又大喊不要，就這樣拖拖拉拉出不了門，害我差點遲到。」

我問：「以前都不會這樣嗎？」

慶齡媽媽說：「平常還好，但他的確比較拗，對他來硬的就會反射動作說不要。現在則是連好好講，他都說不要了。」

我說：「聽到孩子想都不想直接說不要的確會很氣。你有問他為什麼不要帶功課嗎？或是問他如果不帶功課，他在你辦公室要做什麼？或是問他如果不帶功課，那什麼時候要寫？」

慶齡媽媽說：「我那時候急著出門，就直接警告他不帶功課去寫，要是回家寫不完，隔天就要寫完才能去動物園。他的態度很惡劣、很抗拒，但還是氣呼呼的把功課塞到背包。」

我說：「我必須先稱讚你的孩子是有理性的，在情緒滿溢之下還能做出理性的決定，這也代表他有能力理性思考。至於他為什麼會進入遇到什麼事反射動作就說不要的階段，是因為那是人的常態。

「在成長過程，我們三不五時就會進入叛逆期，每隔一陣子就會反思別人叫我們做的事情是對的嗎？就像一個螺旋狀，反反覆覆不斷思考，即便現在我們長大成人了，也會有一陣子很懷疑人生，可是過一陣子又覺得別人講的有道理，不是嗎？換言之，說『不要』是正常現象。但一再說不要，和他一起生活的人的確會很困擾。要怎麼讓他別說不要呢？

「我認為讓孩子別說不要有其危險性。怎麼說呢？想像一下，他已經習慣不思考就直接說好，要是碰到居心叵測的人，就很有可能因為太順從，缺乏思辨能力，而把自己置於危險境地。為了讓孩子以後不會傻傻順從，或許可以把你的問題換成『如何讓孩子理性思考』，你覺得我的建議有道理嗎？」

慶齡媽媽說：「有道理。可是要怎麼引發他思考呢？」

我說：「就像我剛剛說的，用問句。當一個人被命令要怎麼做，他可能馬上心生不舒服，不管你說的對不對，他都會覺得你在命令他、指責他，覺得自己沒有自主權，覺得自己被貶低。無論他在哪個狀態，都沒在思考，而是忙著抗拒。

「如果是用問句來邀請他回答，例如問他為什麼不想帶功課？不帶功課他在那邊要做什麼？或是問他不帶功課，什麼時候要寫？孩子為了要回答，就得啟動大腦皮質層，進入理性分析與計劃的狀態。他也會去思考為什麼要這麼做，衡量有什麼好處、壞處。

「即使你問了問題引導他做出最好的決定，他最後還是不帶功課去你的辦公室寫，那就讓他經歷自己所做的決定的後果。唯有後果才能讓他檢驗自己決定的正確性。」

慶齡媽媽說：「他才一年級，懂這些嗎？」

我說：「可以試試。無論結果如何，他都啟動大腦皮質區開始思考了。」

慶齡媽媽說：「這真的很花時間。我們這種六點才下班的生活型態，真的沒辦法慢慢等。」

我說：「我知道直接給答案很快，但願意多花一點時間等待孩子思考，讓他動動腦，這也算是訓練孩子理性計劃的過程之一。你現在花時間，總比以後他長大了卻缺乏思辨能力、做了大錯特錯的決定來得好吧？」

慶齡媽媽說：「對啦！但像這樣臨出門才發生，真的沒時間和他討論。」

我說：「有道理，你覺得什麼時候討論比較好？」

慶齡媽媽說：「前一天就要討論了。」

我說：「我可以知道為什麼你們前一天沒討論嗎？」

慶齡媽媽說：「沒這個習慣。」

我說：「聽起來，你已經習慣叫孩子做什麼他就做什麼，因此沒這個習慣。發生這件事其實很好，讓我們了解到孩子已經長大，有自己想要的，不會再單方向乖乖聽話。」

慶齡媽媽說：「我們還是沒解決像這樣已經要出門了，真的沒時間再和他討論時怎麼辦？」

我說：「或許可以試試讓孩子體驗硬是不帶功課去寫的結果。」

慶齡媽媽說：「哎，我哪會不知道結果？就是隔天去動物園的事情搞得一團糟，大哭大叫：『我不想寫功課，我要去動物園。』」

我說：「他可以不想寫，你也可以不帶他去動物園啊！雖然他會哭鬧來威脅你，但只要你是為了他好，不接受他哭鬧吼叫的威脅，那也不是壞事。你的溫和與堅定會讓他學會耍賴哭鬧什麼都得不到。」

慶齡媽媽說：「我太恐懼衝突了。我怕哭聲和吵鬧，怕鄰居說我是壞媽媽，怕老公說我沒把事情處理好，怕公公、婆婆覺得我太強硬。」

我說：「你和家人的教養意見不一致的確值得探討，我們下一次再來聊。現在讓我們試著用新的眼光來看衝突。接受衝突、擁抱衝突。人們都是從衝突與挫敗中才知道要改善，變成更好的自己。你想想，為了做別人眼中的好人，卻把自己的孩子弄壞了，值得嗎？」

慶齡媽媽說：「孩子不肯帶衣服，也要讓他嘗到後果嗎？感冒了怎麼辦？」

我問：「你的看法呢？」

慶齡媽媽說：「就讓他感冒可以嗎？」

我說：「憑良心講，最近都超過二十度，他能有多冷？就算冷到了，他可能學到下次要帶衣服出門，或是耐受度更好，無論如何都不會有什麼慘烈的事情發生。就算感冒了，那也是值得的代價。拜託，去學校、去公共場所，就算包緊緊也會被傳染。從來不被傳染，沒有啟動身體免疫系統的經驗，以後碰到病毒或細菌強烈攻擊，那要付出的代價就更大。」

現在的社會型態每天上班、上學太早，下班、放學太晚，家人間經常沒足夠的時間與精力去相處與磨合，也沒足夠的時間允許彼此實驗與犯錯。

為了省時、省力，我們經常用命令、用快速解決的方法去避免衝突與麻煩，但也因為這樣讓孩子錯失被引導理性思考與體驗失敗的經驗，一手造就了現在的草莓小孩與未來的草莓巨嬰。省下一時的小麻煩可能導致彼此未來的大麻煩，你說，現在的衝突與麻煩是不是值得我們去面對？

05

# 接住受挫、壓力大的孩子

每個人都不缺鞭策自己的人，但需要有一個人全然的支持，允許嘗試、允許犯錯、願意傾聽，在人生顛簸的路上陪伴著。

某年大學開學前夕，我和尹男、怡慈到捷運古亭站附近的小食堂自辦開學典禮。才坐定，怡慈還在念小學的孩子就在視訊上，說作業好多，做不完的話，明天會有更多，覺得壓力好大。

怡慈和我們討論孩子的壓力過大怎麼辦。我跟她說，雖然我們不可能一輩子出面幫孩子排除過多的壓力，但可以教孩子很多事一次壓頂而來時如何應對。我們可以跟孩子說：「哇，真的好多樣！那我們先選一個最簡單的，其他不要管。如果到了睡覺時間真的寫不完，再來和老師商量。」

當孩子做完最簡單那個，聯絡簿上少了一樣功課，心裡的負擔自然隨之少了一些。接下來仍然如法炮製，請孩子選一個最簡單的，其他不要管。

依照我的經驗，只要心中沒有擔憂著其他功課，一次只做一件事，該休息時還是可以休息，不知不覺中，聯絡簿上的功課很快就會做完。

看到一堆功課，孩子會感到「壓力山大」，還沒開始做就心很累，甚至擔心到全身發軟。這時千萬別說「沒你想的那麼多」、「沒你想的那麼難」、「光擔心有什麼用」，這樣的話只是火上加油，讓他覺得你不了解他的苦。

要讓孩子覺得你懂他的處境，你要同理他，然後引導他一次做一件事，其他的先放旁邊。這樣不管未來念大學時，期末有十個報告，還是進入職場後，老闆分派他十項任務，孩子都會記得你教過他：一次只做一件事。

## 接納孩子的焦慮，不著急

幼兒園的陳老師碰到棘手難題，有位緊張焦慮的大班生小穎害怕上學，怎麼問也問不出他怕什麼。

我仔細問了這個狀況從什麼時候開始，陳老師說，為了銜接小學一年級，老師邀請小朋友對於不喜歡吃的東西，至少要嚐一口，以突破舒適圈。但小穎對不喜歡的食物實在難以下嚥，於是請好朋友代為表達意願，老師看他真的不想吃，也就沒有勉強。然而，小穎從那天開始就害怕上學。

媽媽很關心小穎，每天和他長談，問他怕什麼，媽媽可以跟老師說，但小穎說不出個所以然。老師也很關心小穎，除了不再勉強他，還經常關心的跟小穎說怕什麼都可以講，但他就是說不出個所以然。於是媽媽帶小穎去找心理師，看看能不能讓他說出點什麼，沒想到狀況更糟，孩子表現出更多擔心。

他擔心萬一自己好不了，從此以後不愛上學怎麼辦？

他擔心到校後，總是幫他回答的同學今天沒來上課怎麼辦？

他擔心肚子不像昨天那樣有餓的感覺，萬一以後永遠都不餓怎麼辦？

我聽了陳老師的描述，問她：「聽起來小穎總是在擔心，我很好奇他什麼時候不擔心，可以舉個例子嗎？」

陳老師說：「最近一次是他擔心自己會不會以後都不餓的那天，我跟他討論各種可能造成他不餓的原因。當我們追溯早餐和前一天晚餐吃什麼時，發現原來他們全家前一天晚上去吃吃到飽。我跟他解釋，雖然已經睡了一覺，但昨天吃的分量很足夠，身體就像昨天剛加滿油的車子一樣，今天不用加那麼多油，所以會不餓。他了解這個原理後，對於自己不餓的事情才放下心來。老師你這麼一說，我也想到他真的很喜歡學習，彷彿了解這個世界讓他有了安全感，而不是一種好奇心的滿足。」

我跟陳老師說：「我大概了解這個狀況了。就像是想要撬開蚌殼，但卻愈閉愈緊，反正你們愈問，孩子的心關得愈緊，那就讓我們來試試另一個方法吧！現在的狀況聽起來是大家都很關心、也很擔心他，還去找了心理師。不要說孩子，連我聽起來都覺得事情好嚴重，難怪孩子很擔心自己是不是哪裡壞了，會不會永遠都好不了。讓我們來打破這個循環，讓他覺得自己沒有壞掉吧！讓他知道自己沒有想太多，他的感覺也沒有不對。

「明天他一到學校，你要蹲下來告訴他：『我看到你就好開心。』讓他覺得自己不是個麻煩的存在。當他說：『我害怕我的好朋友今天不會來學校。』你與其說：『你還有別的好朋友啊！』不如換成這樣說：『如果是我，我也會好怕沒人幫我跟老師說。』這樣的回應可以讓他覺得自己沒有想太多，他的感覺也沒有錯，而且有一種被聽懂的感覺。對孩子來說，有被聽懂就會有安全感了。」

陳老師問：「不用跟他說有問題可以找老師嗎？不用幫他解決問題嗎？」

我說：「不用，聽懂比較重要。如果你真的不放心，可以問問孩子，怎樣可以讓他舒服一點。現在的狀況是，大家一直跟孩子說他想太多、太緊張，這會讓他覺得自己壞掉了，或是他的感覺不對。一直幫孩子解決問題、拯救他，他會有一種自己很弱的無助感。

「我們首先要讓孩子覺得自己的感覺沒有錯，感覺就是感覺，感覺沒有對和錯，也給他機會幫自己。要讓他安心，就不能讓他繼續浸泡在自己的世界已經失控的氛圍下，而是讓孩子知道，他會擔心是正常的，我們要做的是來想想辦法讓他舒服一點。」

擔心是一種感覺。

有時候明明沒事，我們也會被外面擔心的氣氛籠罩著，不知不覺中，自己也擔心了起來。即使對方說沒事，叫我們不要亂想，可是他臉上的表情和聲音都很擔心，我們實在很難不跟著擔心。

但如果旁邊的人停止擔心，接受我們的不順心、哭泣、沒有笑容、受傷，不再去想要修復我們，我們似乎也就跟著覺得事情好像沒那麼嚴重，心情也就慢慢和旁邊的輕鬆共振了起來。

當孩子狀況不佳時，或許不需要修復什麼。單純接納他的狀態，那樣就夠了。

## 允許孩子矛盾、掙扎與痛苦

麗文說孩子學業成績不佳，她鼓勵孩子走技職體系，但他不肯，硬是要念高中，卻又成天頹廢不努力。

麗文感到奇怪，她看到孩子的優勢在右腦，不強迫他走左腦取向的學術路徑，已經做到了親子相伴不相絆，為什麼孩子不領情呢？

我就自身經驗跟麗文說，孩子從早上睜開眼睛就在學術取向的環境裡，比的是成績；家裡的父母和手足都是好學校畢業的，不用明說也知道標準在哪裡；而他因為還小，沒進過職場，要他去走陌生的領域，很難不心生恐懼。

這時候大人忽然跟他說，丟掉你從小拿來衡量自己的尺，也就是學業成績，他肯定感到茫然，心裡難免會想：「你是要放棄我嗎？不比成績，別的我比得過別人嗎？雖然我學業成績不佳，但那是我唯一會的。可是功課真的好難，又沒興趣，想努力又沒力氣。」於是孩子呈現這樣矛盾且停滯的狀態。

麗文問我，碰到這樣的狀況，家長該做的都做了，不該做的也沒做，到底要怎麼面對這個自己跟自己過不去的孩子呢？

我跟麗文說，你已經做得很好了，單純接納他這個狀態就可以了。

麗文很疑惑：「什麼都不用做嗎？」

我說：「對啊，什麼都不用做。你記得孩子嬰幼兒時期想睡又想玩時的樣子嗎？他們會十分躁動，哭個不停，無論怎麼哄都沒用。為什麼會這樣呢？因為各種轉換都是一個費力的過程。要離開一個熟悉的狀態，進入不熟悉的狀態，身心必須經歷劇烈的轉變，那不是個舒服的過程。

「在這個不舒服的過程中，其他人幫不上忙，只能在他用力適應之際不去打擾，讓他自己嘗試，但大人同時釋放出『我在這裡，沒有棄你於不顧』的訊息，這樣就夠了。當他矛盾夠了，想試試別的路，開口求助後，你才去幫忙，否則你會被遷怒，也會被他煩躁的氣場彈開。

「除非他往極端的方向走去，去吸毒、去打架，你可以阻擋他一下，讓他不至於走偏到無法收拾，其他時候就讓他自己來吧！否則就像嬰幼兒愛睏的時候，翻來覆去啼哭不止，你愈勸說，他愈煩躁，愈睡不著，然後你愈氣。」

我們碰到所愛的人不順心時，總想做點什麼讓他順心。然而大部分時候，不做什麼，讓他知道你在，允許他矛盾、掙扎與痛苦，用他自己的方法與速度去理順自己，那就夠了。

## 養傷需要耐心

愛玲的女兒被同學霸凌後，開始不願意去學校，晚上也睡不好，慢慢的連房門都不願意踏出去，帶去看身心科才知道罹患了憂鬱症。

愛玲說：「藥吃了一個多月，諮商也花了不少錢，但她還是不肯去上學。雖然成績還算不錯，但這樣停擺下去會跟不上。到底什麼時候她才會好啊？」

到底什麼時候才會好啊？

前一陣子我才問了女兒這句話，她教會我急著要傷口好，只是把發炎蓋在下面看不到，其實更不會好。

女兒從小皮膚一旦有傷口就很不容易好，長此以往，她已經練就一身照顧傷口的工夫。前陣子她受傷了，處理傷口時我湊過去看：「結痂了，不錯啊！」

女兒說：「你現在看到的這一層膜需要撕掉，否則細菌會在下面大量繁殖，傷口更不容易好。嗚，要去清創了。」

雖然清創的過程撕心裂肺，但不清創，更不容易好，所以女兒還是勇敢的去皮膚科接受酷刑。清創不是一次就會好，而是要好幾次。即使好好照顧，還是會有阻礙傷口癒合速度的老化細胞出現，只要一出現，女兒就又得去清創。

我心疼女兒，問她：「到底什麼時候才會好啊？」

女兒說：「不知道，可是不能急喔！我們都以為長出痂蓋住傷口就是快要好了，其實剛好相反，下面還在發炎呢！」

我不曉得還在執著什麼，重複的問：「可是，到底什麼時候才會好啊？怎樣才能快點好呢？」

女兒說：「那就要好好吃飯、好好睡覺啦！體質變好時就比較容易好。」

我把和女兒的對話告訴愛玲，也跟她說，被霸凌很恐怖，我都已經幾歲了，在職場上被霸凌威嚇，還是嚇得瑟瑟發抖。因此，孩子要重新回去被傷害的場域沒有那麼簡單。

我請愛玲慢慢來，不要一直問「你什麼時候會好」，而是正正看著眼前的孩子，依照她的狀況來決定下一步，而不是要她馬上好起來「變正常」。

一開始不敢回學校，就讓她躲在房間幾天，好好感受到自己安全了。

要是她有好一點了，或許可以在她願意之下，走出家門，和家人去超市。

再好一點了，或許可以在她願意之下，到常常去且安全的宗教場所，像是教會、寺廟，和熟悉的朋友相聚。

再好一點了，或許可以在她願意之下，去長輩的店裡打工，接觸一下無害的人，一步一步再度建立對人類的信心。

藥物可以幫助她不要那麼緊張，諮商可以幫助釐清她的心情與想法，至於什麼時候會好，真的不知道，但是只要有耐心，總會有那麼一天，能像我女兒開心大叫：「傷口真的開始癒合了！」

至於課業落後，也不需要太擔心。我們都看過真心想學習的人，一年就可以自學三年的課業。考量輕重緩急之下，依照自己的速度好好養傷，這樣才不會爛在裡面，還沾沾自喜以為痊癒了。

## 累積安心與支持的能量

睡夢中，迷迷糊糊感覺到女兒來我旁邊躺著。我覺得熱，起來開電扇和控溫床墊，順手摸摸她問說：「怎麼了？」她通常狀況低落時會來我床上滾一下。

女兒說：「讀書做事太用力，搞到自己能量耗盡，全身肌肉痠痛。」

我之前也有這個「全力以赴」的習慣。當我全神貫注時，據說別人碰到我的身體時，會有一種被氣場彈回去的感覺。除此之外，我的身體會呈現花豹狀，眼神銳利，於是搞到自己很快就能量耗盡，全身肌肉痠痛。

可是，有必要嗎？

這種全力以赴的習慣就像開大火煮紅豆湯，紅豆還沒煮熟，能量都沒了。

我跟女兒說，在正念認知療法裡有個「身心覺察」的概念。我練習之後，就比較不會抱持著「全力以赴」才是好人的概念，一廂情願開大火做事。

學過正念認知療法後，我把注意力從自己相信的「全力以赴」，移到眼前的人事物，與其互動、與自己的身心互動，覺察對方需要我放出多少能量，我的身心如何給出能量最為舒適，就像跳雙人舞。

女兒說：「我就像一年級的小學生拿鉛筆學寫字，太用力了，筆拿不好，快把紙給寫破了。我覺得自己不會拿捏力道。」

我說：「試試看用抱嬰兒的心情，輕輕的。你是用小一生寫字不會拿捏的意念去想這件事，因此認為自己不會拿捏力道。可是你如果想像自己是在抱嬰兒，會回想起和嬰兒互動的經驗，太用力他會不舒服，太鬆他會掉下去。當你用這種心情來覺察彼此，就會明白如何和所相遇的人事物互動。」

女兒說：「抱嬰兒這個提示很有用。想到嬰兒，我身心的配合度就不同。」

她說剛躺在我身邊時，我的氣場像個強大的寧靜海，過來跟她玩，清理她嚴肅沉重的能量。

我眼睛張開：「那不是我的，是你的。」

女兒：「是你的，我沒有寧靜海。」

我眼睛半瞇的跟她說：「是你的，不是我的。你躺過來時，我覺得超熱，心裡開始掙扎要不要起來開電扇，要不要起來開控溫床墊，可是你怕冷，開了會不會冷到你。打從你躺過來，我的腦袋就沒有寧靜海，只有熱。」

女兒很難相信自己看到的寧靜海是她的，硬拗是我的深層靈魂與她相遇。

我說：「腦部的機制是這樣，其實你腦子裡有非常多資源，就看你有沒有去用。例如，一個孩子沒信心能把這場球打好，但看到全家人都來幫他加油，他就整個信心爆棚，於是那場球打得很棒。你可以說，是家人給他加持，給他力量，但無論如何，家人都不能幫他打好那場球，而是他自己。家人和他的相處向來給他信心、給他支持，於是家人的出現給了他一個『你會成功』的信號，於是這個孩子提取了成功的經驗，把球打好。你以為自己沒有，其實你有，只是有沒有適當的信號來提取。

「回到你認為那是我的寧靜海這件事，是怎麼回事呢？非常有可能我代表的是安心，是你下班時會衝出來頑皮捉弄你的媽媽。看到我，提示了你腦中寧靜海和玩耍的部分，於是在你需要的時候，跳出來療癒你。那個寧靜海不是我的，是你的，我只是你的提示。」

這場母女對話，主要在談如何透過提示，提取自己原本已經有的資源。有時候我們對自己失去信心，以為一無所有，其實你有。我們的腦部就像家裡堆積在櫃子裡的東西一樣，不是沒有，只是需要提示。

女兒曾有和嬰兒互動的經驗，提示了她有輕輕使力、調節能量的能力。

女兒曾和我有寧靜陪伴與玩樂的經驗，提示了她曾經透過與我互動，學會自我陪伴、自我療癒的能力。

因此，我們要經常在孩子生活中增加滋養的經驗，和狗狗、嬰兒、朋友等開心互動；找對人傾訴，知道安心與支持長得像什麼樣子。有了這些線索，在迷惘與碰到問題之際，透過線索的想起與提示，原本有的就被提取出來了。

孩子和我們一樣已本自具足，只是需要提示。

常常與無助、無奈相遇，習慣提取無奈記憶，便會覺得自己好無助。

常常與滋養經驗相遇，習慣提取滋養記憶，便會覺得自己好有能力。

## 當孩子的啦啦隊

女兒念台大時在圖書館打工，步調慢慢的，館員跟媽媽一樣不會罵人。後來她打算突破自己的舒適圈，所以到星巴克打工。那裡的步調很快，教一次就要會。忘記了？對，會被罵。

女兒會趁人潮少的時候回店裡練習，因為上戰場時可沒時間給你練。她還會到別的門市觀察其他人怎麼做、怎麼說、怎麼快。

下班領回家的兩杯飲料，她像品酒一樣，非得說出個道理，不是喝爽的。還會邀請媽媽對她大考驗，我就得想出「這洋甘菊茶不過是個茶包，你們星巴克怎麼賣這麼貴」之類的問題刁難她。

然而，剛開始上班時，再努力都難免還是會被罵。

我：「對不起啊！媽媽對服務業的工作一片空白，幫不上忙。」

女兒：「沒關係，你聽我說就好。」

有時候，她會來我房間請我摸摸她的頭。我邊摸邊想著：「她也是小魔女琪琪，要出去磨練才能變成真正的魔女啊！」

想想父母真的是不用全能，孩子自己會學，別人也會教。做父母的大概就只要聆聽、同理，當啦啦隊就好了。

在這個世界上，每個人都不缺鞭策自己的人，但需要有一個人全然的支持，允許嘗試、允許犯錯、願意傾聽，在人生顛簸的路上陪伴著。

我們可以做那個支持孩子的人，能做支持他人的人，或許就是生命中最大的禮物。當孩子飛奔而至，開心說著近況，散發出來的愛與能量會填補療癒已被生活折磨得能量盡失的我們。

# 06

# 耐心支持，戒除網路成癮

良好的家庭連結是戒癮的強大基石，
只要孩子感受到自己被欣賞、被喜愛，
就會知道不需要靠虛擬世界的分數與闖關來贏得尊重與成就感，
當然也就不需要躲進網路取暖。

在 Disney+ 懸疑日劇「因為我們忘記一切」線上記者會中，編劇宮藤官九郎提到自己在任何地方都能集中精神工作，就算周圍很吵也可以，但有個問題是每次打開電腦總會忍不住一直看 YouTube，同時也不忘自我調侃：「我有時候也會想自己到底在做什麼，幹麼花這麼多時間看 YouTube。」

看到如此有才華的人也有這樣的困擾，我心有戚戚焉。現代人對網路的不可自拔已重現清末人民對鴉片的依賴與成癮。

曾祖父在清末時候是官方授權的鴉片販賣商，我現在想起來感到不可思議，政府怎麼會公然允許販毒？我猜想，一開始使用鴉片時，人們並不清楚自己會對鴉片依賴到不可自拔、可為之鋌而走險、家庭決裂的地步；也不知道使用鴉片後，自己會進入無力生產的狀態。

我們對於網路也是如此。

看到自己、家人和身邊的人，甚至如此有才華的宮藤官九郎都沉迷網路不可自拔，無可諱言，我們已經進入另一場「鴉片戰爭」。只是這次更困難，因為網路與生活各方面深層交織，具有強大的合法性與必要性，無法像鴉片戰爭一把火燒掉毒品，讓人碰不到、摸不到就好。

既然這樣，我們要如何不陷入網路帶來的害處呢？

這是一個複雜的過程，而從我的經驗來說，最重要的是維持良好家庭關係，慈悲看待成癮時的不理性行為。遇到家人行為反覆、說話不算話時，仍然要以溫和、耐心、慈悲、重複的態度，一次又一次把人帶回正軌。

## 溫和、耐心、慈悲、重複，陪伴戒癮

我兒子和女友同住一個房間，為了避免螢幕光影響對方睡覺、太過沉溺網路打擾彼此作息，基本上因為愛，他們自成一個彼此規範的團體，會約束自己的行為。我和女兒則是另一個網路自律團體，在這裡想分享我們家如何幫助彼此和自己不在網路世界裡沉淪。

因為愛自己、愛家人，我們都有想要完成的夢想，也不想給家人帶來麻煩，因此，在不想被網路控制這件事上，我們是主動的。換言之，愛自己的力量，以及與家人間的連結，讓我們想要克制自己的行為。

對於貪戀網路影音所帶來的歡愉，可以試著參考匿名戒酒會幫助戒癮的幾個要點來戒除：

1 承認自己已經成癮，無力抵抗，以致生活變得無法掌控

2 確認自己想要追求的目標

3 意識到自己沉淪，對已經成功戒癮的家人表達自己需要幫忙

在幫助自己的部分，由於我學過很多年的正念認知療法，透過種種練習，算是比較能夠覺察自己已經快要進入不能煞車的狀態，這時候我會用方法讓自己冷靜下來。平常也會滋養自己、愛自己，讓自己不至於因為壓力與匱乏，而依賴網路帶給我短暫的歡愉，卻帶來長期的痛苦。

在幫助家人部分，我就像戒毒、戒酒成功好一陣子的人，能站在一旁幫忙不可自拔的家人。

當我觀察到女兒半夜還在滑手機，隔天累個半死、心情不好，晚上再度投入網路懷抱，獲得快速又便宜的歡愉，下個白天再度無力生產，陷入惡性循環，我會把自己看到的告訴她：「我連續好幾天半夜上廁所時，看到你還在滑手機，我很好奇，這樣你隔天上班的身心狀況還好嗎？」

基於良好的親子關係、不批判的態度，只是告訴她我所看到的現象，女兒會據實以告。她說自己其實也很累，但是白天太忙、太挫折，她需要動漫的安慰，想煞車但停不下來。

我問女兒需要我怎麼幫她，她請我在凌晨十二點的時候去拍拍她，提醒她去洗澡睡覺。

由於我自己戒癮失敗過很多次，知道這不容易，失守是人性，因此即使後來看到她並未遵守約定，洗完澡又開始滑手機，我也不會生氣，而是秉持失敗了重新來過就好的精神，再度輕輕提醒她。

你或許會想，那不是沒完沒了嗎？

我接受上了癮要戒不容易，我接受這是長期抗戰，我願意在這個過程中支持家人，這是讓我心中能平靜安定的重要原因。

我不敢說自己學過正念認知療法這輩子就都不會沉淪，未來我也可能會需要幫忙，因此想趁自己狀況很好時，以溫和、耐心、慈悲、重複的態度，一次又一次把家人帶回正軌。

萬一某天我守不住而沉淪時，我相信他們也能以溫和、耐心、慈悲、重複的態度，一次又一次把我帶回正軌。

我們家的網路成癮狀況算是非常輕微，畢竟都能意識到自己已經失控，因此還算拉得住。有些人並未意識到自己已經成癮，也不肯接受家人幫忙，這就需要專業協助。

我主要想告訴大家兩個重點：

1 良好的家庭連結是戒癮的強大基石

2 癮頭不是一次就能戒掉，請以溫和、耐心、慈悲、重複的態度，一次又一次把家人帶回正軌

## 成功戒癮的前提

有些人也想幫家人戒除網路成癮的問題，但卻被白眼或冷漠以對，甚至惹惱對方。我想談談為什麼我能成功幫助孩子放下手機，其實有幾個前提，和前文匿名戒酒會幫助戒癮的幾個要點有關：

### 1 認知到自己過度使用網路已經是個問題

女兒如何認知到自己已經過度使用網路了？或者說，女兒怎麼會願意承認她知道自己已經過度使用網路了？

這和我的好奇探問有關。

我曾好奇問女兒：「工作這麼累了，滑手機到半夜，這樣隔天不會累嗎？」我是真心好奇，因為拿破崙據說也不用睡很久，或許女兒同樣不用睡那麼久。這是我在正念認知療法學習過程中所學到的，「好奇，能讓我們的怒氣安歇。」

我的好奇探問，會引發女兒前額葉理性思考，這樣我得到的答案才會是真正的答案，而非罵出來的答案。如果我的問句其實是在罵人，一旦女兒覺得我在攻擊她，就會用激發情緒的杏仁核來回答我，用頂嘴來應戰或用敷衍我來逃跑。

也就因為我是真心好奇，聲調會是溫柔、好奇、不帶氣憤，女兒於是能理性剖析自己，告訴我：「我停不下來，即使再滑也沒有更好玩的東西，但那是一種慣性，彷彿繼續努力滑，就會有好玩的事情跑出來。」

我對女兒說：「我能理解。有點像是行為學派（Behaviorism）有名的史金納箱（Skinner's Box）實驗，如果老鼠按下槓桿後，有食物掉下來過，即使後來不一定每次按那個槓桿都會有食物掉下來，老鼠還是會一直按、一直按，直到筋疲力盡。你覺得這和滑手機像不像？

「我們曾經從滑手機得到快樂，因為太快樂，形成了強烈的神經路徑，加上天天重複這條路徑，於是這條神經路徑變得強壯且堅不可摧。即使後來滑手機不見得能帶來同等的快樂，卻因為已經成了習慣，身體會催逼著你去做同樣的事情，導致即使身體很累了，心裡也知道再這樣下去，生活會被影響，還是會一邊痛苦自責一邊滑手機。」

## 2 知道自己是在用網路帶來的愉悅與刺激忘掉痛苦

青少年有時候沒辦法用語言說清楚自己為什麼會那麼沉迷網路世界，但是卻本能的用網路帶來的愉悅與刺激忘掉痛苦，例如，羨慕別人功課好、這個好、那個好，但自己實在做不到，於是乾脆躲進網路裡比較快樂。

女兒從小跟我說話說得多，我也很耐心聽，不太會插嘴，因此她比較能透過表達來自我探索。在向我訴說她無法放下手機時，她說著說著便覺察到白天有許多挫折，因此需要用網路帶來的刺激幫助自己忘掉痛苦，得到快樂。

## 3 家裡已經很溫暖了，不需要躲進網路取暖

我既有博士學歷又在國立大學任教，從世俗眼光來看，我的子女應該要有覺得自己不夠好的壓力。但由於我對於「家」的概念，對於身而為人的概念，並非是以和社會比較來論成敗，因此我真心覺得孩子們很好，我的行為表現上也反映出對他們的欣賞與喜愛。

舉個例子來說明我真心不和社會比較來論孩子或我自己的成敗。

我在麥基爾大學（McGill University）社工學院博士班的學妹塔洛（Tarro）向指導教授露西（Lucy）提起我，形容我在台灣是Superstar，但我在台灣有多少粉絲、紅不紅，對露西來說一點意義都沒有。就像露西如果跟我說她在加拿大拿多少研究補助、得多少獎，我恐怕也無法由衷覺得她好棒，畢竟那樣的榮耀只在特定的社會文化脈絡之下才有意義。

再來說一個我曾經在書裡看過的故事，兩個好姊妹一個嫁員外、一個嫁殺豬的。某天發生戰亂，整個村子的人往山上大逃命。在野地，錢派不上用場，就看誰能搞定溫飽，誰能捕獸、捕鳥，誰能生出食物，誰能公平分派食物。那位殺豬的能捕獸、捕鳥，能生火煮食，能公平分派食物給每一家，而那位員外在逃難時就是個廢物。換了個環境，兩人地位立刻大逆轉。

當然，在特定環境要生存還是得有謀生能力，因此我只要孩子養得活自己、不傷害他人，做什麼都可以。

就像爸爸跟我們說的：「黑貓、白貓，能抓老鼠的就是好貓。」因此我不在意孩子是否名校畢業，也不在意他們是不是在有名的公司上班，我對他們的期待就只有養得活自己、不傷害他人就好了。

另外就是我欣賞與感恩孩子的存在。

我深知孩子活著不是理所當然，我也深知好好對待彼此、好好說話、心繫家庭，也非理所當然。於是我真心感恩他們會呼吸，感恩他們活著，感恩他們吃到美食，會記得要帶我去吃。

只要孩子感受到自己被欣賞、被喜愛，就會知道不需要靠虛擬世界的分數與闖關來贏得尊重與成就感，當然也就不需要躲進網路取暖，畢竟家裡就已經非常溫暖了。

## 尊重、支持，給予協助

有了這些前提，我想幫女兒放下手機的好意，並不會惹惱她。

接下來仔細說說我幫助女兒的過程。

有一陣子，女兒下班到家都已經深夜十點。當連續幾天我夜裡起床上廁所，看到女兒房間亮著燈，打開房門她都還在滑手機，於是我找了個好時機和女兒坐下來聊聊。

我告訴女兒我看到的：「我連續好幾天半夜上廁所時，看到你還在滑手機，我很好奇，這樣你隔天上班的身心狀況還好嗎？」

女兒說其實不舒服，但是停不下來。辛苦了一整天，叫她下班不能滑手機，她會覺得自己活著就是一頭社畜，辛勤勞動卻沒得到快樂。

我問她：「如果滑個半小時呢？」

女兒說：「我會覺得自己沒有飽。」

我點點頭，同理女兒：「我完全能了解這個心情，讀書啊、工作啊，真的不是一件自然且輕鬆的事，需要刻意去做，因此會感到很辛苦。如果沒有獎賞，像是不讓我追劇，我還真不知道要怎麼撐下去。」

我同意女兒的看法，我們都需要網路帶給我們愉悅、帶給我們獎賞。

但我們也都同意，當事情開始失控，即使再滑手機也滑不出什麼新鮮事，但又無法克制的一直滑下去，導致隔天精神很差，相當痛苦。

我問女兒在幫助她停止滑手機這件事情上，我可以為她做什麼？

女兒說：「請在十一點半叫我。」

基於「愉悅是重要的」這個共識，我問她：「十一點半你會飽嗎？」

女兒想了想，決定還是務實一點：「那十二點好了。」

有時候女兒特別挫折，我去叫她時，她會抬頭說：「媽，我覺得沒有飽。」

我點點頭表示理解，告訴她：「那你說個時間，我幫你。」

她會講一個理性的時間，例如十二點十分。

這時候我會站在她的立場說：「才十分鐘有點少，十二點二十分好了，對自己好一點。」

平常我就已經有培養孩子網路使用知能、自我覺察與表達的能力，也經營溫暖的家庭氛圍，因此在放下手機這件事上，我是用支持的態度來幫助他們放下手機，不是限制，也不是管教。

在孩子能自主決定、沒有被剝奪感並且被尊重的前提下，我便能相當順利的幫助他們放下手機。

## 找出孩子在意的事

我也常常在上節目時，被問到要是家人沉迷電玩，自己覺得對方很廢、心很煩怎麼辦？

電玩乍看之下是家長的公敵，但仔細想想，真正有問題的是作息不正常，電玩無罪，冤有頭、債有主，解決作息不正常比較重要，畢竟消滅了電玩，也還會有別的東西來取代。電玩不就是取代了過去的電視嗎？

作息不正常怎麼處理？

我家運用的方法是找到對方在意的事，並且同理他。我會問兒子最近在玩什麼電玩，順著他的話找話題。

他目前在玩「維多利亞三」（Victoria 3），因為是戰略遊戲，他經常會把打電玩的心得和國際情勢連在一起講給我聽，我們親子之間反而很有話聊，而他有機會可以教我，也感到很有成就感。

除此之外，他對小麥和牛奶過敏，如果不忌口，和朋友一起打「特戰英豪」

（VALORANT）時手就沒辦法穩定，然後就會被隊友嫌棄。為了不要被嫌棄，他很忍耐的克制自己不要吃這些過敏原，為了打電玩反倒讓身體變好。

有一天我回媽媽家時，跟弟弟講到這件事，他對我說了一件我兒子打電玩而談成生意的事。

COVID-19 疫情緩解以後，弟弟合作的日本公司社長們紛紛開始來台灣參訪工廠，我兒子日文不錯，弟弟和他晚上會陪著社長們去吃飯。

這些社長大約五十幾歲，喝了酒就開始聊「海賊王」和「火影忍者」。我弟弟說他對「海賊王」和「火影忍者」一無所知，插不上嘴，好在我兒子很熟，和他們談得熱絡，社長們的眼神散發著青少年炙熱的光芒，沒多久其中一位社長就委託我兒子做他們公司的網站。

人家說餐桌上好談生意，但聊天也要有話題，看來我們覺得很廢的事，談生意時不見得就是廢。

家長碰到兒女出現行為問題時，通常第一個念頭是想要消滅行為。

然而消滅行為只是暫時的，還是會有別的問題冒出來。

我運用的技巧是找到他們在乎的事情，和他們站在同一陣線。而我兒子得養活自己，也有買房子的未來夢想，所以沒有用沉迷網路來逃避問題。打電玩、看動漫反倒成為他的加分項目。

電玩無罪，需要解決的是根源問題。

07

# 犯錯是成長的必然

孩子受傷了，照顧要比檢討來得優先，
人在無助需要幫忙時，心特別脆弱，
很想說「我早就告訴過你了吧」時，請勒住舌頭。

某天我在家裡開櫥櫃時，手殘打破了兒女喜歡用的玻璃水瓶。

女兒聽到「啪啦」一聲，馬上過來問：「你還好嗎？」

我說：「我還好。不好意思，打破你們喜歡用的玻璃水瓶。」

女兒說：「人沒怎樣比較重要，水瓶再去買就好了。」

隔幾天，我問起兒子是怎麼變瘦的，他說用玻璃水瓶裝二千毫升的水進房間，有空就喝。他的回答讓我想起打破的玻璃水瓶，又說了一次：「不好意思，前幾天打破你們喜歡用的玻璃水瓶。」

兒子說：「沒關係，再買就好了。」問我為什麼玻璃水瓶會掉下來。

我說，因為我個子矮，要把東西從櫥櫃拿下來的時候，是踮著腳尖憑感覺去撈。一不留神，撈啊撈的，就把玻璃水瓶一起撈下來了。說著說著，有點不好意思的說：「人矮就是要認分啊！」

三個人「哈哈哈」大笑一番就過去了。笑聲稍停歇，我跟兒女說：「你們倆的反應讓我覺得，你們老了也會是可愛的老人。」

我繼續說：「媽媽活到這個年紀，發現人無論如何都是本能的愛自己。生理與安全需求有所欠缺的時候，會依附那個可以滿足你生理與安全需求的人。愛與歸屬需求有所欠缺時，會愛那個可以滿足你愛與歸屬需求的人。自我實現需求有所欠缺的時候，會喜歡那個可以陪伴你自我實現的人。

「等到老的時候，滿足親人生理需求的物質能力會比年輕時弱。如果對方是因為生理和安全需求與我們親近，當這些條件消失時，缺了尊重、愛與自我實現做為黏著劑，對方很自然就會和我們漸行漸遠。就算我們有錢，要是讓對方感覺沒有被尊重，沒有被愛，和你在一起無法成為更好的人，當對方有其他選擇，也很難留在我們身邊。

「你們今天把人的價值放在物的前面，這表示老了以後，只要把自己照顧好，別人都會想要親近你們，你們當然也就不會孤單了。」

小時候因為物質生活不掌握在我們手上，常常因為錢和東西的浪費和損失而被罵。這樣的經驗形塑了我們碰到東西壞掉、碎掉、損失，反射動作就是對闖禍的人指責和開罵。然而，錢和東西沒了也就沒了，罵會讓對方覺得在我們眼中「人不如物」。雖然我們很單純只是想教對方，說說而已，也沒有罵的意思，但這一說出來，誤會可就大了。

我並不是說別教對方惜物，然而就像我問兒子為什麼不會想唸我，不問我從這件事學到什麼，兒子說：「你都嚇到了，也花時間清掃玻璃碎片，而且跟我們道歉了，還需要多說什麼來證明你有學到什麼嗎？」

這樣看來，當你的孩子打破東西，讓他花心神自己收拾，不用唸，他們就知道以後要小心了。如果你怕孩子收拾的時候受傷，就一起幫忙看著，陪他收拾，但不要動手。

像兒女這樣順口問我為什麼東西會破掉，說著說著，我自然就知道是怎麼搞砸的，實在也不需要別人再畫蛇添足說什麼了。

## 引導孩子面對與處理挑戰、衝突和逆境

文欣是正職員工，得負責管理工讀生，他們通常是在校學生，文欣很疼惜與照顧他們，瑣碎事都撿起來自己做，也隨時提醒工讀生不要犯錯，以免被扣錢。

如此盡心盡力的文欣，無意中發現工讀生在聊天群組中稱她「碎唸阿桑」。瞥見這四個字，她感到自己的心被踩在地上碾碎，情緒幾乎崩潰。文欣不否認她常碎唸，但認為自己會變成「碎唸阿桑」是工讀生和其他正職員工大而化之、不拘小節造成的。她說如果自己不碎唸，整間店不知道已經被樓管開罰幾次了。

我請文欣跟我說最近一次和工讀生的衝突，她說：「有一位工讀生的口罩沒遮住口鼻，我要他把口罩戴好，要不然會被罰錢，他非但不聽，還嗆我說，罰就罰，罰錢就從他薪水扣。我超想揍他的，他出得起嗎？」

我問文欣後來工讀生有沒有被罰，她說：「當然沒有，我怎麼可能讓這種事發生？樓管接近時，我就一直唸他，唸到他戴好戴滿。」

文欣很難過：「我也想和另一位正職員工那樣，下班和工讀生打打鬧鬧，一起去夜唱。但對他們來說，我就只是個碎唸阿桑。」

文欣說，她還沒當媽，卻已經和千千萬萬的媽一樣，演出支撐家裡大小事、做到流汗卻被嫌到流涎的角色了。她問，如果我是她會怎麼做？

我說，我不清楚整個工作場域的脈絡，但會評估事情的嚴重性來做點實驗。

例如，我會在工作群組中，以文字留下佐證資料，告訴工讀生，口罩沒戴好樓管會開罰，這樣店長看到了，工讀生也看到了。當樓管開罰時，工讀生首當其衝會被罰錢，或是被解職，雖然在樓管那邊留下一次壞紀錄，但是讓自然的結果來教會大家，不需要碎唸，十分值得。

文欣完全沒辦法接受這種會留下污點的做法，我同理她：「其實就算我這種願意丟臉、讓孩子吃苦來換教訓的人，也不想一開始就用這麼強烈的方法。我剛剛講的是溝通無效後才用的辦法。」

文欣說：「我有跟他們溝通啊，他們根本不聽。」

我問：「可以說說你怎麼溝通的嗎？」

文欣說：「我跟他說，你不要等被罰錢了再來找我，我可不管你。」

我點點頭：「警告威脅他。」

文欣說：「對。就像你說的，我讓他知道後果。」

我問：「我非常好奇，以前你媽媽跟你說過『你不要等如何如何再來找我』這種話嗎？」

文欣說：「有，我覺得很討厭。」

我問：「有沒有可能工讀生會嗆你說罰就罰，罰錢就從他薪水扣，是因為感覺被你警告威脅，覺得很討厭，說了自己負不起責任的氣話，把你這個好心的正職當敵人？」

文欣說：「對！他是在說氣話。他窮得要死，根本負不起責任。要不然我要怎麼說？」

我跟文欣說：「文欣，其實我就和你的工讀生一樣，戴口罩吸不到空氣很難受。COVID-19疫情嚴重的那段時間，我根本就取消了所有演講。你覺得有沒有可能他對於吸不到空氣有生存恐懼？」

文欣說：「有可能。可是他有困難怎麼不說？」

我說：「我取消演講的時候，必須承受他人覺得我很草莓的眼光。但畢竟我人生閱歷多了，能接受別人在背後評論自己。你的工讀生是男生，又才十幾歲，會不會是他說不出口？」

文欣說：「那我要怎麼和他溝通，教育他要守規矩呢？」

我說：「教育他之前，先了解他的困難在哪裡。你可以試著問他：『我想知道為什麼你戴口罩時不遮住鼻子？有碰到什麼困難嗎？』」

文欣說：「可是他會說自己吸不到空氣啊！我又不能說：『好啊！那就不要遮住鼻子。』我只能說：『好啊！要不然你就不要來上班。』」

我感覺文欣很習慣用威脅的方式，於是提供她另一個方法：「我們可以換個方法，他如果說吸不到空氣，我們就同理他吸不到空氣的難受，然後建議他看看四周，也到處問問看別人碰到同樣困擾時如何解決。」

曾經有個開著名車的惡少用球棒把大學生打到昏迷的社會案件，引發大眾討論：「父母要幫成年子女負責到什麼時候？」

真正要對子女負責，父母得從孩子小時候就引導他們面對與處理挑戰、衝突和逆境。

通常孩子衝動犯錯時，腦部管理生存戰鬥的杏仁核已經腫得很大顆，如果父母這時候加入戰局，警告威脅、甚至打他，孩子的杏仁核會脹得更大顆，讓大腦前額葉沒機會啟動，無法好好想一下，怎樣才是共好的解決辦法。長此以往，反射攻擊的神經路徑養成，即使成年了，碰到衝突時，第一時間的反應還是抄起傢伙或用嘴巴攻擊，而非站在制高點判斷如何解決比較圓滿。

為了訓練孩子能在緊急狀況下仍然夠理性，父母在孩子還小時，就要千千萬萬次勒住舌頭，先傾聽孩子的聲音，了解孩子的思考邏輯與難處，才去引導孩子觀察與尋找圓滿的解決方法。孩子習慣了這個模式，碰到緊急狀況時，他會停下來傾聽自己的聲音，觀察與尋找圓滿的方法，長大以後根本不需要父母操心。

在職場上也是如此。員工犯錯，警告威脅很快、很直接，但這會導致員工的杏仁核脹得很大顆，私下給難聽的稱謂，檯面上出口頂撞，甚至卯上了提辭呈，浪費人事訓練資源，實在可惜。

如果可以，當孩子、屬下犯錯時，先勒住自己的舌頭，聽聽他們的聲音，想想我們是否也曾經有過這些困難，然後運用你人生磨練多年的智慧與經驗，引導他們用前額葉思考如何解決問題。這樣，你就不需要幫子女、屬下負責任或當壞人，而在你的陪伴之下，他們愈來愈理性與茁壯，和你也能維持良好的關係。

## 受傷時，照顧比檢討來得重要

有一回兒子和女友原本計劃要去度假三天，但第二天半夜忽然回到家。我驚訝的問：「還好嗎？怎麼忽然回來了？」

兒子說：「旅館房間有一股霉味，外面的聲音又太吵。我試著睡覺，但整個感覺太差，沒辦法待下去。雖然可惜了一晚三千元，但考慮到睡不好，隔天開車太危險，就決心連夜趕回來。」

雖然我心中有一百個疑問：「三千元耶，難道不能換房間嗎？難道你訂房前沒看評價嗎？」

但現在的重點不是我怎麼想，也不是要教育兒子什麼。而是有人受傷了，照顧要比檢討來得優先。況且兒子說得對，安全比較重要。至於換房間什麼的，兒子的社會經驗非常豐富，我想得到的，相信他也早就已經想到了。於是我同理兒子：「是啊，為了三千元勉強住一晚，隔天狀況不佳，的確太危險。」

兒子洗好澡後，一副很幸福的樣子：「還是家裡舒服。」

我問兒子：「你應該有跟旅館反映這個狀況，他們怎麼說？」

這時候如果我說「你怎麼不跟旅館反映」，可能會讓兒子覺得我把他看成白痴，因此我不用聽起來像是質疑的問句來問兒子。如果他真的沒跟旅館反映，也必定有他的理由，到時候再問問看就知道他怎麼想的。

兒子說：「外面人來人往的聲音不是飯店能制止的。至於有霉味，假日出門碰到不滿意的住宿環境也是很無奈，想換房間，客滿了想換也沒得換。」

原來如此。還好我沒多嘴，說出聽起來會像在批評或指責，後來得知他透過訂房平台成功把錢拿回來，我更慶幸自己沒有好為人師。

看到孩子受傷，雖然很想關心，但有時候講出來的話很像在教訓。既然孩子受傷了，照顧要比檢討來得優先，畢竟孩子受傷了，痛都來不及，實在很難冷靜思考與學習。

有時候父母覺得和孩子溝通好難，難道連問都不能問嗎？

受傷的人耐受度比較低，父母提問時的措辭如果含有質疑他為什麼不如何做的訊息時，孩子經常會覺得被批評而關上溝通的大門。

不管不顧的衝動說出想講的話，不僅達不到效果，還會破壞彼此的關係。當對方受傷時，勒住舌頭，先照顧心情，家和萬事興。

## 從受傷而來的經驗無比珍貴

某天傍晚，忽然想和女兒單獨約會，於是去她工作的地方接人，打算吃飽喝足後，開車去南京東路的「老四川」拿年夜飯要吃的麻辣鍋底。

原先的計畫是要沿著重慶北路向南開，左轉南京西路直走，然後接南京東路。明明這樣開很順，導航卻一直叫我迴轉。我跟女兒說：「不是直走左轉就到了嗎？為什麼要迴轉？這個導航好奇怪……啊啊啊！為什麼它要叫我上高速公路往基隆？它壞了嗎？」

就這樣一路鬼叫鬼叫的懷疑導航，直到下了圓山交流道接上松江路右轉到南京東路後，我才終於懂了。啊！如果照原先人腦的計畫，到了南京東路會有不好迴轉的問題，導航帶的路才比較順。我又手舞足蹈的演起了導航：「我早就告訴過你了吧！相信我準沒錯，你看我幫你省了多少冤枉路啊！」

女兒一副受不了的樣子：「媽，還好你這輩子都不曾對我說過這樣的話。」

我害羞的承認：「有喔，我以前其實常常會在心裡大聲尖叫：『我早就告訴過你了吧！』」

女兒說：「那怎麼沒聽你講過？」

我說：「主要是我沒聽我媽媽這樣對我說過，已經學習到這種話是不該講的。你記不記得我問過你阿嬤，我五專時請男生載我到大直，卻沒戴安全帽，摔到昏迷，阿嬤為什麼不罵我？阿嬤說，罵要做什麼呢？罵如果是為了要我學會交通安全，都已經摔到昏迷，已經學到了，那就不用罵。

「所以我說任何話前會思考一下，說這句話的目的是什麼？每次我很想說『我早就告訴過你了吧』，我覺察到其實自己洩恨的成分居多，我就會問自己：好，我承認我是想洩恨，那我說了『我早就告訴過你了吧』可以洩恨嗎？

「經驗告訴我們，在對方已經很受傷的時候說『我早就告訴過你了吧』，對方不可能會說謝謝，更不會說：『喔！你是先知。』反而會給臭臉。這麼一來。

恐怕我不只沒有洩恨，只會更恨吧？那如果說『我早就告訴過你了吧』是想從對方的回應，知道他到底有沒有從教訓中學到什麼，通常對方只會被這句話氣到怒火中燒，也沒能力告訴你他學到了什麼。既然如此，那還不如什麼事都不做，等時機對了，再來檢覈這件事之於對方的意義是什麼。」

高考放榜之後，女兒得知她考的類組取三名，但她是第四名，意識到自己的人生不能全押在高考上，於是開始注意比現在的工作更適合自己的職位，打算雙軌並行。

有一天，她看到一個夢幻工作，十分認真的依照那個工作量身訂做寫求職信、自傳與履歷，並找我討論如何措辭。

我問女兒：「這個徵人啟事有截止日期嗎？」

女兒說：「沒有。」

我說：「我擔心這家公司一找到人就關閉職缺了。」

雖然我說了自己的擔心，但女兒追求完美的習慣仍然讓她字字斟酌，遲遲沒有把履歷遞交出去。

有一天回到家，女兒跟我說：「媽媽，你說對了，我要投履歷的時候，職缺就關閉了。」

我心裡大叫：「我早就告訴過你了吧！」

幸好我有勒住舌頭的好習慣，繼續聽下去。

女兒繼續說：「得到這個教訓後，我今天看到另一個工作機會就只花一個小時修改履歷，趕緊投出去。」

我覺察到自己的內心非常幼稚，還一直衝動的想要大聲說：「我早就告訴過你了吧！」

幸好我平常有吃飽睡好，意志力把舌頭給勒住了。

理性想想，女兒都承認我是對的了，而且也修正行為，我還想說「我早就告訴過你了吧！」是怎樣？說了能讓事情變得更好嗎？

我是怎麼了？我想只能說是自己內心的自大在作祟，非得要說句話來彰顯「我是對的」。

但我也不會因為有這種幼稚心理就自責，畢竟我已經做得很好了。我雖然有那個想法，有那個衝動，但我沒有那個行為，那就夠了。

逞一時口舌之快，真的會後患無窮。

我記得孩子申請大學時，我自告奮勇要幫他們修改資料，然而他們怎樣都不肯，認為這樣算是偷吃步，勝之不武。

雖然我很想說：「以後你們就知道了，大家都是這樣，你們不聽我的會吃虧。」但還是尊重他們。

還好我沒有說出「以後你們就知道了」。他們長大以後，知道大家都會在重要的事情上找人幫忙，只要有重要的事情，他們都會找我諮詢。

有時我會想，如果當時我多嘴說些沒意義的「我早就告訴過你了吧」、「以後你們就知道了」，他們會不會因為怕被打槍，有需要也不肯開口請求幫忙。

人在無助需要幫忙時，心特別脆弱。

如果我們曾經在對方煩惱時，說了讓他自尊受損的話，我想他寧可心碎也不會拜託我們，於是兩造相對無語，進入無話可說的關係，那也是不意外了。

很想說「我早就告訴過你了吧」時，請勒住舌頭。

雖然不能衝口而出很內傷，但隨著人生歷練，你慢慢會看到透過受傷、繞遠路所得到的學習是無比珍貴的。孩子不一定需要聽你的話才會有所得。

當你認知到這一點，「我早就告訴過你了吧」的念頭會比較少出現在心裡，而看到對方受傷、繞遠路卻說不得而產生的內傷也會慢慢轉化成祝福。

# PART 3

# 放手，引導孩子長大

# 08 培養獨立的孩子

在孩子摸索的過程中，
家長的工作只有提問、陪伴和討論如何解決問題、如何開創，
必要時給孩子意見與觀點。

有一次到國立宜蘭大學參加教學工作坊，國際引導者協會（International Association of Facilitators, IAF）專業引導師曾士民老師一看到我就說：「我看到你的名字有點緊張。」我猜想老師看到我已經參加過好幾次他的工作坊了，或許疑惑著：「你不是來過了嗎？為什麼會一次又一次的參加，聽重複的內容？」

我跟曾老師解釋，我剛到國立臺北教育大學教書時，副校長坐在教室後面看我教學。督導時，她告訴我，我講得很精采，但學生聽過去只會覺得有道理，沒有真的思考與內化。副校長所言甚是，後來教授充電合作社邀請了曾士民老師來幫大學老師上課，我才開始學會用別的方式教學。

但不可否認，我是個人魅力比較強烈的人，學生喜歡聽我講，我自己也喜歡講，然而，聽我講（根本是看我演）的學習有限，如同大雨淋到頭上，留在頭髮上的只剩下一點點，其他都流掉了。還是得用上其他方法，尤其是那些得親自動腦、動手的，內化和應用的效果會更好。

我告訴曾老師，我必須要有個角色模範，透過一次一次的觀察，內化「主角不是我而是學生」的上課方式像什麼樣子，所以他才會看到我「追星」，只要我有資格報名的，再遠我都奔去。

曾老師說，他看到我的心態從「做」（do）轉到「同在」（being）。的確，我以前覺得要講好、講滿，良心才會安，於是教學過程拚命講、拚命做。現在則是站在學生立場，從思考怎樣學生才會學好、學滿，轉為勒住舌頭、勒住手，讓學生開口說、動手做，幾種方法輪著用，引導學生動起來向前走。

我記得有次參加世界咖啡館的教學示範，這是個搜集點子、凝聚共識的好方法，有位教授就促狹的跟引導者說：「哇，你這錢會不會太好賺啊？什麼事都不用做，反倒是我們這些交錢的人累得要死。」

但那位教授所言其實只是玩笑話，因為我們心知肚明，老師在上面講破嘴，都比不上學生動口、動手所帶來的效果，而引導者也並非什麼都不做，而是觀察與引導參與者達到目的。

當父母也是這樣，剛開始滿心想的都是怎樣才是個好父母，到後來慢慢學會，重點不是如何拚命「做好」父母，而是將視角轉為放手，用各種方法引導孩子邁向獨立自主。

# 利用提問，培養孩子找答案的能力

現在已經是幼兒園老師的畢業導生來我家，原本是要討論一個幼教網站的發展，談著談著，紛紛把教育幼兒時碰到的兩難抛出來討論。

首先是年輕老師們看到孩子因為在遊戲中輸了，哭到星星、月亮都要從天上掉下來了，覺得很心疼。他們一方面想告訴孩子，如果只追求贏，而不是追著喜歡的事情跑，這樣會很痛苦。畢竟所謂「贏」的人就那幾個，甚至只有一個，多數人都是主流價值中的輸家，都要心情不好，都是要哭的。但如果是追求自己喜愛的事情，得到自己想要的結果，無論輸贏，每個人都可以很開心。

然而，這些年輕老師又擔心，整個主流價值就是要贏：要第一名、要上北一女、要上建中、要上台大，萬一孩子真的認同了應該要追求喜歡的事情而非第一名，以後被社會打趴怎麼辦？畢竟，大公司真的就是要台、成、清、交畢業的。

聽了年輕老師們的迷惘，我反過來提出一個問題：「為什麼老師或父母一定要給孩子一個正確答案？」為什麼師長們不能提供多元觀點，讓孩子選擇適合自己的答案？我們可以讓孩子知道，有人很喜歡贏，喜歡拿獎品，也有人不在乎輸贏，只是他想要做自己喜歡的事，得到自己滿意的結果。無論選擇贏或選擇做喜歡的事，沒有好，沒有壞，每個人都可以做自己的選擇，也不需要批評別人做的選擇不對。

這個立場反映了社會的真實面：這個社會是多元的，有人喜歡贏，有人喜歡做自己想做的事。透過讓孩子知道他們是有選擇的，很自然的，他們也會尊重別人的選擇，不會瞧不起別人。我認為能做到這樣，老師也完成了身為師長該做的事。

因此，我們不需要給孩子答案，更不應該給孩子一個標準答案。

當孩子在贏的快感與做自己喜歡的事情當中抉擇，因此感到苦惱時，別試圖安慰他，也別乾脆直接給他一個答案，好拿掉他的痛苦。

請靜靜陪伴他，提出問題，讓他透過回答你的探問，找到適合自己的答案。也讓他知道這個答案隨著碰到不同的事情時，是有可能改變的，如果有一天他改變心意，也沒什麼好丟臉的。

雖然看著小臉蛋苦惱著要怎麼選擇會很不忍心，但如果你看得到他的前額葉理性思考區正像放煙火般，劈里啪啦的長著神經元，你會欣慰的說：「啊，孩子正在長大呢！」

當你看不得他苦，並且希望他全盤接收你的價值觀時，雖然你的價值觀很好，但是孩子腦部一片寂靜被動接受你的價值觀，未來，他可能缺乏為自己相信的事情說出個道理的能力，因為長久以來他不用經過深思熟慮去做選擇，而這將會是職場上所必備的能力。

孩子長大以後，他需要為自身提出來的計畫辯護，即使自己的產品不是完美無缺，他仍然要能說服別人購買他的產品。這並不是出社會才養成的能力，而是從幼兒時期一次又一次的抉擇所養成的能力。

我們不需要給孩子答案，而是要利用提問讓孩子找出屬於自己的答案。

## 志向，需要花時間摸索

一放暑假，找我諮詢的家長清一色是有關孩子沒動力讀書、想休學、瘋狂打電玩不幹正事的議題。

從家長的描述中，大約可以歸納出幾個他們深信不疑的信念：

1 拿到畢業證書是基本的

2 孩子沒畢業就出去工作，不僅沒能力，還可能變壞

3 大好青春不讀書太浪費

針對這幾個信念，我想談談自己的經驗和看法。

## 1 拿到畢業證書是基本的？

來找我的家長都認為孩子必須拿到某個學校的畢業證書，再痛苦也要拿到。有人堅持孩子至少要高中畢業，有人則堅持一定要大學畢業，反正就是要有一張學校認證的畢業證書才叫做基本。

然而，你可以問問身邊的人，其實要喜歡上學真的是要有緣分。有些人，應

該說大部分的人都「不喜歡」學校。

兒子從國中就吵著要休學，高中也是上課睡覺、下課尿尿，有機會就逃學，大學念到一半就輟學，打死不回去。

女兒是台大（一定要強調台大）畢業的，有時候我們散步聽到學校的鐘聲，她會說：「唉唷，不寒而慄，根本就是引發痛苦的聲音。」

兒子的女友小兔兔超級勤奮工作，一個工作不夠還要兩個工作才爽，可是你要她升學讀語言，她就完全沒電了。

人有很多種，喜歡上學把自己綁在課堂的人真的很少很少。

可是你說不愛「上學」就等於不充實知識嗎？我的經驗不是這樣。學習的管道不只是學校，網路可以學習的管道真的太多了。

兒子大學沒畢業，上網自學音樂，五年後做出台北時裝週走秀音樂；他幫樂團做日文翻譯，而我根本不知道他什麼時候學會的。對，他是看動漫學的，然後有了動力自學日文。

我弟弟二專畢業以後就沒有再升學，但他在做生意以後，有了進修的需求，便大量閱讀書籍開拓視野，成了我家手足中最接地氣、最和世界接軌的人。

如果對上學沒興趣，還勉強坐在那邊一天八小時，真的就像關在監牢裡。與其這樣折磨，還不如去工作，真正感受到需要進修再回學校。

為了打破孩子沒動力，天天打電玩，連飯都要送進房間否則就不吃的僵局，我給家長的建議是讓孩子休學去工作，引發孩子動起來的動機。但家長的第一個反應是：「拿到某個學歷的畢業證書是基本的吧？」

於是，父母唸孩子不讀書，孩子為了逃避讀書不愉快的痛苦，於是沒日沒夜的打電玩，從中得到成就感與人際交流。接著父母火大狂唸，孩子被唸煩了就往外衝，父母怕孩子出事，半要脅、半軟化的把孩子弄回來，孩子沒人養也只好回家。就這樣相同的戲碼無限輪迴上演，全家痛苦不堪，除非從中間某個環節斷開這個輪迴，否則無解。

## 2 孩子沒畢業就出去工作，不僅沒能力，還可能變壞？

當家長憂心的跟我說孩子沒有上進的動力，天天打電玩，我提出讓孩子休學去工作以引發其動機後，家長的第二個反應是怕孩子沒工作能力，怕孩子去工作交到壞朋友變壞了。

有關能力這件事，我倒是有個親身體驗。

很久以前，雖然我有駕照，但仍然打死不肯開車，因為覺得自己沒能力。某天前夫真的太累了，一言不發坐上副駕駛座放倒椅子，不到三秒就開始打呼，完全無視我的抗議。我看到已經完全沒知覺的他，心想這樣不行，孩子在親戚家，不管我覺得自己有沒有能力，都一定得開車去接他們。那是我第一次開車上路，第一次變換車道，第一次把車開到目的地，後來我就會開車了。

沒人靠的時候，能力就生出來了。

如果有人開車，為什麼我要開車？如果有人養，為什麼我不躺在床上打電玩？如果有人煮好飯菜端來房間，我不吃還要拜託我吃，為什麼我要出去坐在餐桌前跟大家一起吃飯？

一個人必須是被放生了，他的能力才會長出來。

騎腳踏車也是，如果有人在後面扶著，騎車的人永遠不會長出平衡的能力。

慈母、慈父多敗兒的道理大家都懂，但是為什麼放不了手？或許是因為抱著父母就是要照顧孩子、不離不棄，怎樣也要有一碗飯給他吃的信念。我贊成這個信念，不過要隨著實際狀況改變，當這個信念造成另一個人墮落擺爛，你就需要生出新的信念：為了他好，快撤退！把注意力放在自己身上，讓孩子不得不長出力量站起來。

## 3 大好青春不讀書太浪費？

古人對於珍惜光陰有很大的堅持，連佛經都說人身難得，不要浪費時間。然而，知道要珍惜光陰去讀書的前提，是自己清清楚楚知道為什麼要讀書，才會有珍惜感。如果不知道自己為什麼要讀書，珍惜感要從何而生？

在清清楚楚知道自己要做什麼之前，需要摸索。

家長對於孩子沒有志向，不知道自己以後要做什麼，渾渾噩噩過生活經常是生氣的。但從我的實務經驗中，天生知道自己要做什麼的孩子真的很少。我的學生念到大四都不見得知道自己要做什麼，他們形容自己就像一群魚被擠著、推著念完高中，在親朋好友七嘴八舌的建議與壓力下，莫名其妙進了這個科系。

孩子的志向從哪裡來？孩子是怎麼知道自己要做什麼或不做什麼？答案經常是從體驗而來。我哥哥是醫生，他怎麼知道自己要當醫生？暑假時爸爸會叫他去挑磚頭，叫他去紙廠搬紙。然後，他就體會到自己是可以躺著、就不要坐著，可以坐著、就不要站著的人，他不想做勞動工作，所以卯起來讀書。

志向是摸索來的，「浪費」光陰摸索是一定要的啊！

更何況，時間的意義並不是絕對的。照顧弱勢兒童的陳爸五十幾歲就走了，有些人活到八十幾歲還天天給子孫、給社會找麻煩。要是我們不讓孩子有時間探索與失敗，非常可能會製造出活到八十幾歲天天給子孫、給社會找麻煩的人。

## 給孩子嘗試的自由

我曾經寫過好幾篇如何當佛系家長的文章，忽然很好奇，有沒有佛系老闆？就是老闆不用時時刻刻在公司，員工會自己運作的那種。才這麼想著，一個念頭跑到我腦袋裡，就是我弟弟啊！他就是佛系老闆。弟弟平常都不管員工，一、兩週才開一次會，生意也是挺好的，最近還買了一台三百多萬的凌志新車，強迫我接收他二〇一五年出廠的豐田油電車。

於是我就問他：「你可以帶我去看你們公司開會嗎？」

我得說自己這個要求真的有點奇怪，但弟弟早就很習慣他的阿姊總是異想天開，也就讓我參加他們公司的會議。看著他們開會，我發現弟弟的領導風格和教養模式中的權威型教養很像嘛！這種模式的特質是高要求、高回應，家長對孩子有高要求，但能將經驗知識以適當的方式傳授給子女、尊重他們的想法，根據子女表達的訊息調整自己的態度和行為。

弟弟透過閱讀及與商場朋友互動取得市場趨勢，提供員工想法。員工聽了弟弟的想法後，設法找到資料，詮釋資料，回答弟弟的問題。在充分得到相關訊息之後，團隊就一起討論可能的商機和攻略。

弟弟說，在他的公司裡，每個人都很自由。你努力，年終就拿很多。你躺著幹，就領基本薪。這樣運作下來，躺著幹的薪資低，待不住也就走了。需要叫一聲才動一下，沒人拿著鞭子在旁邊指導的，也會很茫然，自然就離開了。最後留下來的都是自動自發的員工。

佛系領導的結果，最後就是弟弟很自由，四處跑來跑去學習，求取新知，員工則自主處理業務，因為沒有老闆亦步亦趨的監督，一樣也很自由。

跟著弟弟公司開會，我觀察下來，佛系家長和商場上的佛系老闆差不多，不會花太多時間和心神在指導孩子上，反倒花很多時間在栽培自己。他們透過和孩子互動提供孩子想法，並給孩子很大的自由去找資料、嘗試與創作發想。

其實在孩子摸索的過程中，家長的工作只有提問、陪伴和討論如何解決問題、如何開創，必要時給孩子意見與觀點。如此運作下來，每個人都是獨立自由的個體，不需要時時綁在一起才能運作，卻又能滿意彼此的相處。

## 教孩子開口請求幫忙

上「親子關係」課程時，我跟學生談到親子關係的殺手之一，是很少有機會讓孩子獨自處理事情。為什麼會這樣呢？

我放了一段美國影集「為人父母」（*Parenthood*），女兒哈蒂跟媽媽說自己打算競選學生會會長後，媽媽超高興的，馬不停蹄幫她想競選口號，建議她海報畫什麼顏色，還介紹她看重要的競選書籍，連重點都幫她畫好了。

哈蒂忍無可忍，對媽媽大叫：「我本來不想告訴你我要選學生會會長，就是因為知道，只要告訴你，你就會整碗端走，最後我的事卻變成你的事。」

媽媽委屈啜泣，女兒覺得更煩。

我問學生：「如果你是媽媽會怎麼做？」

學生說：「問哈蒂需不需要幫忙，如果不需要就不要管她，可是會擔心。」

我問：「擔心什麼事情？」

學生說：「擔心她輸了，心裡會受傷。」

我問：「我很好奇，如果輸了有沒有什麼好處？」

學生說：「學會以後要聽媽媽的話。」全班哄堂大笑。

我說：「嗯，真的喔！哈蒂可能因為這件事而學會開口請求幫忙很重要。」

我問了從俄羅斯來的學生：「在俄羅斯，父母會教孩子開口請求幫忙嗎？」他搖搖頭。

我繼續問班上另一位台灣學生：「你的父母有教過你要開口向別人請求幫忙嗎？」她也搖搖頭。

我問了好幾位學生，都說沒有被教育過要請求別人幫忙。

我看到學生手上有吃一半的麵包，問她：「可以跟你要麵包來吃嗎？」學生搖搖頭。

我說：「我可以要求，你可以拒絕。爭取自己想要的、接受被拒絕是非常重要的能力。奇怪的是，幾乎所有文化都認為請求別人幫忙很丟臉。」

我接著問一位學生：「你覺得學會請求幫忙有什麼好處？」

學生說：「需要人幫忙的時候才不會開不了口。」

我點點頭：「對，有些事情沒有及時請求別人幫忙，拖到事情已經不可收拾的時候才開口，那已經來不及了。除此之外，在職場上，開口請求他人和被別人拒絕根本就是基本能力。你想賣東西給人家，不需要開口請人家買嗎？你想要競選，不需要開口請人家投你一票嗎？如果你沒有開口請求別人的經驗，相對也就沒有被拒絕的經驗，這會導致一個人被拒絕時，就會充滿情緒，沒辦法理性覺得別人本來就有權利拒絕你。

「回到剛剛的影集，如果哈蒂因為拒絕媽媽的幫忙而輸了，或許她會因此學會要開口請人幫忙。雖然說輸了會很難過，但也就因為輸了才有機會學會這麼珍貴的一課：開口請人幫忙沒什麼好丟臉的，被拒絕也很正常。」

我們常會遵循文化的訓誡來教導孩子，卻忘了檢視教導孩子的規則或信念是不是還符合時宜。當今社會，單打獨鬥出頭天的機會不多，能開口請求幫忙，不僅可以得到更多資源，還能學到承受被拒絕的能力。

如果能不主動插手孩子的事，讓他們自己摸索、自己失敗、自己開口請求幫忙、自己被拒絕，這樣比家長怕孩子受傷而主動幫忙，反倒讓孩子嫌煩來得更加有意義。

09

# 讓孩子學會做決定

提出問題邀請孩子回答，孩子才有機會思考。
在傾聽與詢問之下，營造彼此不敵對的氛圍，
才能引導孩子做出最適合的決定。

週末家族聚會時，晚輩一起打電玩，我其實不知道他們在玩什麼，只聽到兒子會分工「妹妹你負責切菜，小琪你煮麵」，或是彼此請求支援食材。看到網友留言說這是一個考驗感情的遊戲，而我從他們的互動中完全沒看出這個感覺，於是詢問女兒是不是真如網友所言。

女兒說：「這是真的，這款 Switch 遊戲『胡鬧廚房』（Overcooked）需要大家一起破關，動作太快、太慢或不願意彼此配合就會卡在同一關死很多次，所以很考驗感情。」

我說：「聽不出來會有什麼不愉快啊！」

女兒：「那是因為哥哥很能協調大家。你知道我從來不玩遊戲，一開始笨手笨腳很容易拖垮大家，但哥哥不責怪，給我很多鼓勵，讓我專心切菜就好。我慢慢有點成就感，覺得好玩，他再給我複雜一點的任務。我漸漸進步，所以現在也挺會玩的。」

我說：「難得你願意花時間玩遊戲。」

女兒說：「以前都覺得玩遊戲很浪費時間，玩了以後才有一種見微知著的感覺。哥哥玩遊戲時，相當能夠從宏觀布置戰略，同時注意很多細節，安排動線，讓四個人同時運作，用最快的速度完成任務破關。我無法做到這樣，我只能注意單點，要同時注意全貌就應付不來。」

在職場上想完成任務不是像考試在考卷上選個答案就好，而是需要有能力安排最佳排程，溝通說服到別人願意一起配合執行，還要針對能力專長給不同的人分派適合的工作。此外，還需要願意等待，不躁進，讓團隊成員一直有進步、一起茁壯，這樣才能走得又快又遠。然而孩子在學時，分數和知識實在太吸引父母的目光，於是忽略了幫助或允許孩子發展整體執行與規劃一個任務、甚至創業時需要的能力。

我在大學任教，學生經常會彼此相約出梯到偏鄉服務、參加活動、演出或去打工，有些父母或師長對他們的安排會皺眉頭，叨唸：「為什麼不好好讀書，考個證照給自己有個保障呢？」為此和孩子們有了歧見與衝突。

如果我們為人父母師長的能先不批評，而是停下來好好問問、好好聽聽孩子在做什麼，為什麼而做，從當中學到什麼，或許會發現他們正在玩的電玩、參加的活動或是打工並非毫無意義。

當然，充實知識和把握時間考到證照、考到好學校也很重要，然而直接給建議容易和孩子有衝突。先停下來好好聽孩子說，才能提出問題。提出問題邀請孩子回答，孩子才有機會思考。在傾聽與詢問之下，營造彼此不敵對的氛圍，才能引導孩子做出最適合的決定。

## 做決定需要練習

有一年我到英國倫敦上兒童正念課程的時候，第一天就經歷目的地維多利亞車站（Victoria Station）關閉，我因為聽信路人指示而大遲到的驚魂記。這場意外讓我體會到我們多麼容易把決定權交到別人手上，最後還要承受他人為我們做決定的後果。

我那次上的兒童正念課程對出席狀況管理得十分嚴格，上課前一天，我特別依照導航建議，走了一趟從下榻旅館到會場的路線，就怕遲到拿不到證書。結果人算不如天算，上課當天早上地鐵搭到一半就被趕下車，廣播說我的目的地維多利亞車站關閉了。我沒料到會發生這種事，除了地鐵，我不知道要如何前往維多利亞車站。

我問了一位站在公車站等車的路人，她指著剛靠站的公車說：「這台三十八號可以到維多利亞車站，趕快跳上去。」我想用導航查一下她說的對不對，但公車不會久留，而且當著她的面查證很沒禮貌，我擔心讓她不開心，而且也怕遲到拿不到證書，於是快速跳上公車。

很快的，我發現迎面駛來的三十八號公車上面都寫著往維多利亞車站。剛開始我還想說，那個人講得很確定，應該不會錯。然而，心裡愈來愈不安，查了導航，感覺離目的地愈來愈遠。最後，我終於詢問公車上的乘客，確認我真的坐錯方向，那時候我已經距離目的地三十分鐘車程了，遲到已成定局。

如果是以前，我大概會崩潰，整個腦袋塞滿責怪路人亂報路、責怪自己沒查證、擔心遲到會拿不到證書等念頭，幸好我學過正念，也時時練習，於是把注意力放在呼吸，接受自己的怨恨、責怪、擔心，然後將注意力拉回來做個好決定。

我先問了路人，有過一次經驗，知道要慢慢來才會快，不嫌麻煩的用導航查證過一遍才跳上正確的公車。衝到會場後，並沒有發生被刁難不准我簽到之類的事，彷彿什麼事都沒發生就開始上課。

上課時我飆升的腎上腺素還沒消退，地鐵站推擠出站的場景、被指錯路的怨恨、沒有查證，以及對這種意外沒有備案的自責時時回到我心頭。我把注意力放在呼吸，接受內心氣噗噗和自責的小孩後，把注意力拉回來上課。就這樣，分心跑去氣噗噗和自責一百次，我就把注意力帶回來上課一百次。到了中午，這場驚魂記在我內心結束了。

下課回旅館的路上，我不禁莞爾，這場經歷不就像每個人在人生路上常會做的事情嗎？

為什麼我會把決定權交給那位路人？

因為我迷惘，彷彿聽了當地人的話就不會錯。

因為我怕遲到，怕拿不到證書，沒花時間查證，人家怎麼說就怎麼做。

因為我怕得罪好心的指路人，不敢查證。

總而言之，害怕自己做錯決定，加上怕遲到、怕得罪人，於是反而大遲到。這不就是我們在人生路上做抉擇時，常會做的事情嗎？

迷惘的時候，我們會相信看起來像是專家或是好心的人。這些人看起來都很確定自己在說什麼。你依照他的話做了決定，即使有點怪怪的，但你願意一直相信他，否則就代表自己的相信是個錯誤。直到真的太怪了，或是問題很嚴重，你才開始去驗證，驚覺自己錯得離譜，然後再花更多時間去改正錯誤，甚至因為已經投資太多，寧可繼續錯下去。接著就是你不快樂，你怪專家、你怪幫你的人、你怪自己，你崩潰。

這類經驗也常常發生在家長幫孩子做決定的場景。

我們怕孩子走冤枉路、做錯的決定，於是聽鄰居阿姨或表姊夫的建議，要孩子選這條路或那條路。孩子也不清楚自己要什麼，或拗不過家長、親朋好友的好意與堅持，於是把自己的決定權交出去。當有一天孩子不快樂或覺得不合適，他會怪誰呢？

無論是家長、鄰居阿姨或表姊夫都不是真正了解孩子的人，只有孩子最清楚自己要什麼，答案都在孩子身上，家長得放手讓孩子去探索答案。我們可以引導孩子聽專家或親朋好友的意見，但最後的決定權還是得交回孩子手上。

雖然孩子可能會做了錯的決定、讀了錯的科系、交了不適合的男女朋友，不過這些都不是世界末日。我們很容易有災難性的想法，深信如果不怎樣，就會怎樣。事實上也不見得真的會怎樣，即使真的怎樣，日子也還是能過。

做錯決定，改過來就是了。練習很多次以後，孩子愈來愈了解自己，就愈來愈有能力做最適合自己的決定。我們得早點讓孩子犯錯啊！為了讓孩子少走冤枉路，幫孩子做決定，會使孩子一直沒鍛鍊決定的能力，也沒被錯的決定電到，終其一生做決定的能力都沒有長出來，等到以後不得不自己做決定，那時候如果犯錯可能就很嚴重了。

再者，為什麼要那麼怕走冤枉路會比別人慢？是怕被別人笑根本不行，還是怕被別人笑沒出息？有人十五歲取得博士學位、五十歲就死了，有人六十歲才開始畫畫但作品永久流芳，會笑你的人缺乏眼界，只計較眼前所見，所以我們或許可以選擇放下他人的評論。

做錯事沒關係，比別人慢也沒關係，我們來人世間是要變成更好的人，不是要當不會犯錯的人，也不是要成為比別人更早抵達終點的人。

## 別怕孩子走冤枉路

我的學生善靈說：「媽媽逼我考教育學程，以後當老師。可是一想到畢業當老師，將要日復一日過著同樣的生活，我就不寒而慄。」

我同理她：「每天過著一成不變的生活就像每天吃麵一樣，光想都怕了。」

善靈說：「對呀！可是媽媽跟我說，什麼工作都是日復一日過著同樣的生活，沒有一件工作不是。」

我說：「你要不要說說，如果可以自由選擇，你想做什麼？」

善靈說：「跑班的繪畫老師。」

我說：「聽起來很棒，你有教育背景，又對繪畫有熱情。」

善靈說：「可是不行，所有跑班老師都是本科系畢業的，家長不要非藝術相關科系的畫畫老師。」

我說：「一定有個什麼非科班的養成路徑吧？像是上健身課程，我也不知道老師是不是體育相關科系畢業，都是看到一張一張的證照就相信了。」

善靈說：「對，其實也可以。但要花錢去受訓，拿到資格的時間得拉很長。我以前繪畫班的同學有人跟著老師培訓，很多年後才開始帶班。」

我說：「為了興趣投資時間下去，快樂一輩子也值得啊！」

善靈說：「不行啦，老師，我還是要賺錢啊！我同學跑班也只是兼職，要能夠專職當跑班的美術老師不是那麼容易。」

我說：「說的也是。還是得要有個養活自己的工作來支撐興趣。我女兒跟你一樣也很怕一成不變的生活，可是她發現週一到週五白天的工作能支撐她打坐、上有益身心健康的課程，還可以吃好、住好，因此還是選擇去考公職。我兒子也是。他對音樂創作有興趣，但一首歌只能賣兩萬元，有時候更少，因此他甘願從商。他跟我說，最近他接的編曲反而比過去多很多。沒有經濟壓力之下，創作出來的音樂是比較自由的，而且愈做愈好。我兩個孩子都是選擇用一份全職工作來支持自己的生活與興趣。」

善靈說：「也對耶！老師，為什麼你的兩個孩子都有這種用全職工作來養興趣的概念？他們難道不會想要以自己的興趣當職業？」

我說：「會啊，他們一開始都是想以自己的興趣當職業，幾番碰撞後，才決定要用全職工作來養興趣。」

善靈說：「如果他們一開始聽你的話就不會走冤枉路了。」

我說：「凡走過必留下痕跡。如果他們一開始就聽我的話找個全職工作，他們就會永遠都懷疑自己是不是有別的可能？他們的人生是不是被媽媽規劃了？他們的人生是不是沒有其他選擇？這樣繞一大圈，他們很清楚未來無論好壞都是自己選的，不會心情不好就來怪媽媽：『都是你要我照你的意思去做，我才會那麼不開心。』因此我並沒有覺得他們走冤枉路。」

善靈點點頭，說：「可是我還是很怕每天過一成不變的生活啊！這個心理的坎我過不去。」

我說：「可以把裝了半瓶水的罐子看成有一半是空的，也可以看成有一半是滿的。當公立學校的老師，你看到的是週一到週五的白天都過一樣的日子，好像很不自由。而我看到的是公立學校比私人公司早下班，不只有週末，還有寒、暑假，超自由。」

善靈說：「對耶！我怎麼沒有這樣想過呢？嗯，好，快開學時，我會去考教育學程。媽媽一定很開心。老師，其實你跟我講的和媽媽講的都一樣。」

我很驚訝：「這樣啊！那為什麼你聽媽媽的意見時不想考，聽老師的意見時卻會下決心要考？」

善靈說：「因為我做什麼你都支持啊，我想當美術老師你說好，當公立學校老師你也說好，我就覺得你不是要勉強我照你的意思去做什麼，完全尊重我。還有就是剛剛那些當跑班美術老師的缺點，其實都是媽媽跟我講的，當時我聽了只覺得她就是要反駁我，要我聽她的話。可是當你變成那個一頭熱的夢想家時，我就得一直踩煞車，我變成媽媽了，反而是要一直分析給你聽，真的去當跑班美術老師有什麼缺點，然後就懂媽媽為什麼會那麼說了。她不是要潑我冷水，她是分析給我聽，但當時我聽了就是刺耳。」

家長經常會感到奇怪，為什麼自己說破嘴沒用，但朋友說了什麼，老師說了什麼，孩子就會聽，彷彿孩子和自己有仇似的，沒有原因就是要故意作對。從善靈的例子，可以看到善靈的媽媽分析給她聽時，馬上就踩到地雷。明明是理性分析，為什麼孩子不接受？

在生物演化上，孩子一定得脫離父母，不依附父母也能活。要證明不依附父母也能活，孩子經常藉著與父母不同，來顯示自己是獨立個體，因而會有為反對而反對的行為。

為了支持孩子變成獨立自主的個體，父母必須勒住舌頭不下指導棋。同理就好，支持就好，人生的路由孩子自己選。

怕孩子眼界有限，怕孩子衝動做出不智之舉，父母只要單純用好奇而非質疑的態度詢問他的計畫，讓他自己說出要如何築夢踏實。不要小看孩子，當你把他當大人看，他就會用大人的心智跟你說話，說出你原本沒想到的事。

在孩子述說的過程中，夢想可不可行在他的腦袋裡逐漸成形。最後無論孩子做了什麼決定，都不是因為父母要他做什麼，而是經過孩子的腦袋計劃過的。既然是自己選的，成敗他會自己擔，而不會賴給父母，認為自己的不快樂都是父母害的，變成一個無法自我負責任的人。

至於孩子做了你不滿意的決定時，別怕他走冤枉路。搭特快直達車絕對看不到繞遠路時入眼的風景與體驗，沒有一條路是冤枉路。如果碰壁可以讓他學會做決定時要三思，那還是很值得啊！

## 看到全貌，才能做決定

我在德國實習的最後一天，雖然已經被異國文化震撼了四天，但那天看到的幼兒行為仍然在心中無限拉扯。

有個小孩舉起腳不斷推另一個小孩，他一直推、推、推，被推的小孩就搖、搖、搖，繼續吃他的餅乾。

我心裡天人交戰著：「我該阻止那個小孩用腳推別人嗎？」

他力道控制得挺好的，被踢的小孩也平衡得很好。從好處想，他們正練著肌肉控制與平衡，兩人間彼此沒問題。但這是霸凌的前兆吧？一個人不停欺負另一人，而被欺負的人並無覺知自己正在允許對方繼續這麼做。

我決定喚醒被踢小孩的自我防衛意識：「你如果不舒服，可以跟他說你不舒服。」小孩想了想，搖搖頭。

哇！這真是挑戰到我這個社工人的神經。

我問一位老師：「這不就像被家暴的人缺乏覺知，默許家暴的前奏嗎？真的不用管嗎？我的意思是，沒有人可以用腳踢人吧？是不是應該一開始就下令不准用腳踢人？」

老師沒有直接回答我問題，反倒舉例子說：「不是什麼事情都有答案。曾經有個小孩看到大小孩打小小孩，跑去跟老師告狀。一位老師問說，你不是他的朋友嗎？你來跟老師說，他會不會就不跟你做朋友了。另外一位老師說，大的打小的本來就是不應該，必須要訴諸公權力主持公道。」

我問：「然後呢？」

老師說：「沒有然後。小孩就聽兩位老師各自表述，他得自己決定。」

原本我的認知裡只有一個正確做法，就是小孩必須告訴老師有人大欺小，沒有第二個選項。後來我仔細想想，其實提醒小孩你管別人的事所會付出的代價，似乎也不無道理。

我曾經碰過一對夫妻，男的跟女的吵架，男生很粗暴，我超生氣的，大罵那個男生，也力勸這女生要為自己而反擊。後來這兩個人還是彼此相愛，反倒把我踢出朋友圈，覺得我多管閒事，女生也沒感激我站在她那邊。

回到剛剛小孩的案例，我們大人想的是政治正確的做法，也就是報告老師。但站在小孩的立場，大人還是得提醒兒童為了秉持社會公義所要付出的代價，讓他心中有準備。到底該怎麼做才對呢？

我不會告訴你該怎麼做，也不會給你答案，但是我會引導你看到事情的全貌，由你自己做決定。

思辨與做決定的能力，就從不給答案開始。

# 10 陪伴孩子找到學習動機

要讓孩子學習，你得從他的眼睛看出去，
引起他的學習動機，而所有動機中，
以「有興趣」和「有需要」這類內在動機最能維持學習。

有次和明慧、姚重志主任到花蓮的「青陽蝴蝶農場」參訪，演講下午才開始，但是因為一群生態保育界的朋友要來一起聊聊、交換訊息，所以我們上午就到了。一開始我很不適應，看他們熱切的討論，聽著他們講著每個字我都認識、加起來卻都聽不懂的話，我這個生態保育小白痴的注意力很快就飄走了。趁著去洗手間，明慧談起我熟悉的佛法和我出版的書，我才整個人又活過來了，生龍活虎、充滿自信。

走在小徑上，我問明慧這些蝴蝶哪來的？她說都是自己來的。

我很驚訝的問：「不用養嗎？」

明慧說：「建造了好環境，蝴蝶自己會來。」這是青陽蝴蝶農場在國小推動「蝴蝶生命樹」的概念。

大概就在那時候，彷彿有一條線把我和正在討論生態保育話題的朋友們連起來了，引起我對生態保育的興趣。我開始白目的問著外行話：「外來種同樣是生命，為什麼要保護台灣特有種？」我的問題得到大家包容的解釋，慢慢建構我原先完全沒有生態保育概念的腦袋。

這一趟旅行讓我重新體會為什麼孩子在學校不喜歡學習。因為對孩子來說，沒有興趣的就沒有意義，沒有意義就聽不懂，聽不懂注意力就飄走。就像我是一直到觀察到了身邊的現象，問了問題後，才開啟想要了解生態保育的大門。

而在幼兒園，看起來孩子們都在玩，沒在寫字讀書，這套教學方法就是這個原理。在幼兒園，老師一旦用了現成教材，孩子注意力很快就飄走了。可是如果帶他們去街上走一走，仔細聽他們講話，順著孩子的話提問，引發他們的好奇，很快的，孩子對一件事情就想要了解更多。老師也會順著他們的好奇，設計活動讓孩子自己去找答案，一步一步帶著他們建構對一件事情完整的認知，這是一個從「zoom in」（微觀）到「zoom out」（宏觀）的過程。

這個過程很慢，快不起來。

這個過程很個別化，因為你有興趣的，我沒興趣。

這個過程帶領的人要很有心理素質，因為孩子聽不懂時，問著白目的問題，帶領的人要敏銳的覺察到孩子卡在哪個點，願意包容、不覺得被冒犯的趴在地上從孩子的眼睛出發，陪伴他們探索全貌。

要讓孩子學習，你得從他的眼睛看出去，了解到你要他學習的事多無聊。要讓孩子學習，你得從他的眼睛看出去，引起他的學習動機，而這就是一〇八課綱的精神。

## 沒有動機，其他免談

我非常喜歡看 YouTube「老高與小茉 Mr & Mrs Gao」的頻道，老高特別會講故事，很難的事情可以講到讓你聽得很懂。他每天晚上會講故事給太太小茉陪睡，橫豎都得講，乾脆做個頻道講給大家聽。

在一部關於「瞬移」的影片中，我再度體認到孩子上課恍神、學習狀況不佳的原因。

打從十幾年前得經常往返台灣與蒙特婁之間，到後來因為公務得出國，動輒得搭飛機十幾二十小時的時候，我就對於瞬間移動的話題很有興趣：如果能進去一個箱子，按個鈕，咻一下就到了，多好！省了困在飛機小小位置上、扭來扭去睡也睡不好的過程。

但說起移動這件事，小茉比較喜歡飛毯，畢竟瞬間移動少了一路的風景多無趣，但老高已經準備了資料要開講，小茉也只好坐著聽。

要談瞬間移動得從量子力學談起，由於我之前聽過別人用很簡單的話講量子力學，雖然似懂非懂，但有粗淺的理解，聽老高再講一遍更容易了解。正聽得津津有味時，小茉就兩眼空洞恍神了。老高問她怎麼了，小茉不耐煩的問：「什麼時候才要講到瞬移啊？」

看到小茉的反應我感到奇怪，在我聽過解釋量子力學的影片中，老高算講得最好的，為什麼小茉不耐煩呢？

晚上前夫請我和兒女吃飯，我們問他最近在忙什麼，前夫的專業是推拿，對筋絡特別有研究，他說最近正在研究一本古籍，女兒聽前夫講那本古籍，聽著聽著就入迷了。後來女兒感嘆的說，最近在網路行銷公司上班，和業主開會時，談著要把廣告放在哪個平台才會賣得好，要找哪個網紅才能讓大家看到這個產品。她用手比一下她開會時的注意力，只剩一點點，隨時會飄走，得卯足勁像在保護蠟燭不被吹熄似的，努力讓意識不跑出去神遊。

這兩件事情讓我重新看到，學習這件事不是「努力」就行的。在沒有興趣之下，即使為了親情、為了薪水願意努力，注意力還是沒辦法維持太久。而且在那個過程中所有的力氣都拿來掙扎了，反而對要學習的事情缺乏好感，到最後恐怕都會因為太痛苦卻還得繼續留下來，而和親人反目成仇，最後連薪水也不要了。

難怪幼兒園老師設計教案的第一步就是要引起動機，沒有動機，其他免談。與其怪孩子不努力學習，不如引起他們的動機，而所有動機中，以「有興趣」和「有需要」這類內在動機最能維持學習，至於怕被打罵或想討好對方這類外在動機，有可能因為太痛苦，寧可被打罵、逃走或放棄和對方維繫關係而停止學習。

## 從興趣下手才學得好

幫在職老師上課時，好幾位老師提到有閱讀障礙的學生經常有美術優勢，但學科就很弱。

我談到自己在做職涯輔導時，如果打算招生的學校派出有魅力或很激勵人心的老師出來招生，經常會引發學生強烈的動機，想要克服學業的困難。

其中一位老師談到現在的考試素養題都很長，對於有閱讀困難的學生特別不利。我想起兒子回台灣時已經小學三年級，我擔心他的識字量不足以應付三年級的課業。那時候，他看到便利商店有賣《七龍珠》漫畫，我爸說他小時候學日文都是從看故事書來的，我也就放手讓兒子買漫畫來看。後來兒子並沒有出現閱讀困難的問題，可能和他大量看漫畫有關。

我跟老師們說，或許先讓有閱讀困難的孩子看看他喜歡的文字材料，漫畫也行，請他看了講給你聽，累積文字量和閱讀能力。

某天我和兩個畢業學生一起吃飯，見識了熱情渴望的威力。小羊老師談到創辦公司的歷程時，眼睛閃閃發亮，後來我問起她的碩士論文，她的雙眼如同熄燈一般沒了光芒，從霸氣創辦人變成猶豫洩氣的小女孩。

我心裡想著，想要、渴望真是太有威力了，讓人充滿能量，願意突破萬難，精神奕奕的朝向目標前進；而因為害怕被罵、被唸、被責怪而行動，幾乎是被抽一鞭、才動一下，拖磨了半天也前進不了幾寸。

這麼看來，如果真的想要自己或孩子完成什麼困難的事，從興趣下手比較可行一些。

## 因為想要更好而努力

接受學生的作業訪談時，她問我：「你對孩子的期待是什麼？」

我說：「我對他們的期待是『養活自己，其他算你厲害』。」

學生滿臉驚訝的問我：「這樣不會讓孩子對自己有過低的期望嗎？我們上課時，老師說過父母師長對孩子期待愈高，孩子的成就會愈高啊！」

我說：「研究的確證實了這個說法，但我的生命經驗另有軌道，因此採取了這個最高指導原則，但這不代表我反對『對孩子期待愈高，孩子的成就會愈高』的說法。」

學生問：「老師怎麼發展出這個最高指導原則的？」

我說：「我之所以會採用這個最高指導原則，是受到原生家庭的影響。我從小就不受管束，爸媽管不住我，只能祭出最低期待：能活著嫁出去就好。然而，在這個最低的期待下，我並沒有真的只是活著嫁出去，而且後續發展是爸媽始料未及的，我從成績被當必須唱歌給老師聽才能畢業，發展到拖著念小班、大班的孩子出國讀書。目前我是國立大學副教授，接下來會如何發展我也不知道，就讓我們繼續看下去吧！」

學生問：「老師除了受到爸媽的影響，還有什麼原因支持你發展出這個最高指導原則？」

我說：「其實不只爸媽給我這樣的最低期待，我從爸爸工作幾十年的工研院經營模式也接收到同樣訊息，在那裡工作的最底限是你得養活自己，薪水要靠自己接案。至於你研究成果豐碩賺很多，那算你厲害。

「後續我對人類心理運作的了解，也讓我覺得給一個最低期待，其他算你厲害是挺不錯的做法。現在太多人有憂鬱症或身心症狀，我認為不能再以賺多少錢、有多少俗世成就來衡量一個人的成功。因此我考量養育的最高指導原則時，還考慮到一個人的心理福祉。

「人類的痛苦多數來自於期望與現狀的距離，而華人子女對長輩的期待很重視，做什麼事都以父母的期待為標竿。然而，父母的標準總是很模糊，除了好還要更好，為了避免孩子得意過頭，父母不會輕易稱讚孩子，因此華人總覺得自己不夠好，至少我觀察，多數人都活在自己不夠好的痛苦中。我心想，才不要讓我的孩子在這個世界上活得那麼痛苦呢！因此我發展出給孩子一個最低期待的最高指導原則『養活自己，其他算你厲害』。」

學生問：「請老師說說這個最高指導原則實施在你孩子身上的成果如何？」

我說：「在這個期待之下，兒子首先發難，他從大學輟學，去揉麵團、端盤子養活自己。剛開始，他設下以音樂為職業的夢想，請我支持他。我資助他買音樂器材，但不出錢供他生活。透過自學，大概五年他就達到職業水準了，也賣出一些作品。

「然而，隨著他交女友，我認為他應該為下一個生命階段『成家』做準備，請他半年後得搬出去。在時間壓力之下，他轉換跑道，一邊繼續做音樂，一邊往非音樂專業發展來達到養活自己的進階要求。目前他在公司做行銷、做網頁，相當有創意的結合過去玩音樂時所學，賺的月薪已足以養活自己。對我而言，兒子算是已經達成『養活自己，其他算你厲害』的最高指導原則。至於未來他會怎麼變，就讓我們繼續看下去。」

學生問：「聽起來老師這個最高指導原則很適合管不住的孩子，那麼老師對於管得住的孩子有什麼看法？可以給予高期待來促發潛能嗎？」

我說：「我自己的觀察是，別人給你的目標是別人的，而且終究有一天，你一定會讓別人失望。這不是亂講的，著名的『彼得原理』（Peter Principle）也這麼說：『在一個制度中，每個職工趨向於上升到他所不能勝任的地位為止。』

「我女兒和兒子走的路線不同，她從小就依循主流價值而行，一路披荊斬棘扶搖直上。她曾說，如果她的孩子跟我一樣，她一定頭痛死了。但就像我說的，別人給你的目標是別人的，終究有一天你一定會讓別人失望。女兒大三時，她的期刊論文寫作始終達不到教授期待，前半輩子所相信的『努力一定會有結果』的信念崩解，憂鬱症大爆發，開始懷疑人生。

「對我而言這是好事，她終於把注意力從服從外在的指導，轉到傾聽內心的渴望。碰壁之後，她的人生跑道大轉彎，開始嘗試勞動工作。但是隨著罹患蜂窩性組織炎，動作快不起來，無法符合組織需要而大受挫敗，於是她又調整目標，開始準備公職考試。女兒自我探索起步比較晚，但養活自己的終極目標仍然算已經達成，她平時有到行銷公司打工賺錢，再加上原來的存款，她不會伸手跟我要錢。至於未來她會怎麼變，讓我們繼續看下去。」

學生問：「你不擔心孩子在這個原則下得過且過的生活嗎？」

我說：「如果得過且過是他們想要的生活，那麼只要他們自在，我內心就平安了。但有趣的是，我發現人類似乎逃脫不了欲望的驅使，只要沒人代為滿足這些欲望，人們還是會為了自己的欲望而努力。因此從孩子身上，我並沒有看到他們得過且過。」

學生問：「可以多說一點嗎？」

我說：「在我自己和兒女的成長歷程中，一旦離開學校，父母都沒有額外拿錢給孩子生活，頂多分一個空間給孩子住。但除了吃飽，我們還是想買更好的東西、吃更好的食物、住更好的房子、被更多人看得起、做出更好的東西。從我們家的例子可以看得出來，只要父母不拿錢給孩子享受，他們永遠會因為想要獲得更好的而努力。」

學生問：「但萬一、萬一孩子真的很容易滿足，少少的也沒關係怎麼辦？」

我說：「對我而言，很容易滿足、少少的也沒關係反而很好，能不被欲望綑綁多麼自在啊！但如果父母真的很期待孩子向上、活得淋漓盡致，最可行的方式就是自己向上、淋漓盡致的活著，讓孩子看到，『啊，這樣的生活多麼好啊！』吸引孩子也想過同樣品質的生活。如果父母只出一張嘴，沒辦法展現這種生活的好處，當然孩子很難想像父母說的生活有什麼好，不聽父母所言也很正常。」

從我自己的育兒經驗，我認為「養活自己，其他算你厲害」相當適用於很有主見的孩子，也非常適用於太順服集體意識、導致自己痛苦的孩子。很有主見的孩子需要經過碰撞來取得自己的經驗，太順服集體意識的孩子需要透過摸索，來定義自己的成功。

孩子在這個摸索的過程中會變來變去，有時候還會停下來不知所措，父母從旁看來會覺得孩子在浪費時間。然而，如果回想自己走迷宮或解魔術方塊的經驗，你會了解到，嘗試、失敗、停頓都是走向成功的必經過程。透過嘗試與失敗，你知道哪些是不可行，透過停頓與觀察，你會思考而不妄行。

然而，想要指導別人邁向正途是人類的欲望，為了勒住舌頭，避免自己看到孩子慢吞吞在摸索就忍不住出手干涉，或許可以把注意力轉移到自己身上，發展自己的興趣與事業，這麼做不僅可以減緩想要出手指導孩子的欲望，允許孩子在自己的腦袋中發展出成功地圖，還可以做為孩子的身教，讓他知道你的期待在哪裡，以你為標竿。

# 11

# 觀察需要，適時放手

把感覺的權利還給孩子，他覺得夠了，那就是夠了。
隨著生命階段的進展，覺得不夠了，
他自然就會長出力量去想辦法了。

某天我在餐桌工作時，兒子靜靜看著我，然後說：「這麼說不知道會不會給你壓力。你這麼可愛、風趣又安定，在這個大家被 COVID-19 疫情搞到心慌慌的時候，如果你能做 Podcast 或影音，一定對大家很有幫助。」

我腦袋當機了一下，一時不曉得要怎麼回答。

兒子馬上接：「當然，不想做，就會很吃力。不要勉強。」

不愧是我兒子！他從小就不愛上學，覺得像是關在監牢裡，終於在大二時「出獄」。為娘的我沒勉強他待在學校，就是認為，「不想做，就會很吃力」，還不如放手讓他做自己想做的事。果然他離開學校系統後，虎虎生風的自學各種營生之道，因為他想要。

我對做 Podcast 或影音一直提不起勁，兒子是知道的。我講課真的很好玩，聽過我演講的人都這麼說，連我都會被自己逗笑。我覺得自己好可愛，一點都沒有覺得自己年紀大或不漂亮，因此不會怕上鏡頭。不做 Podcast 或影音真的很可惜，但我就是不想。沒什麼原因，就是不想。不想，就提不起勁。就像十全十美的對象擺在面前，沒感覺就是沒感覺，再可惜還是走不下去一樣。

但我喜歡寫文章，我喜歡睡覺，我喜歡玩ＶＲ。對這幾件事，我樂此不疲，很自律，不會痛苦。

我的學生已經修完課，只差完成碩士論文，卻寫不下去。大家都跟他說，又不是沒能力，只剩下臨門一腳，為什麼不勉強一下？也跟他說，無論如何碩士學位將來都會替他加分，學歷也比較好看。可是他就是寫不下去。

學生來找我討論時，我問他：「你的文筆很好，寫論文有困難嗎？」

學生說，不是寫論文有困難，而是不喜歡不能愛說什麼就說什麼。寫論文要旁徵博引，直到研究結果出來，才能依據結果說自己的論點，他覺得很無聊。

我提供他另一個思考面向，跟他說我寫文章是被寫論文訓練出來的。寫文章要考慮讀者的閱讀舒適度和感受，也不是愛寫什麼就寫什麼，但這個論點仍然無法打動學生。

我又問他：「沒有碩士學位，你的收入和生活品質會受影響嗎？」

學生搖頭，他的工作領域不需要碩士。就像你也不知道老闆有沒有碩士學位，除非他告訴你。

談過之後，我把自己看到的告訴他：「你對學位與論文沒有渴望，反而有綁手綁腳不能自由表達的嫌惡感，就像對一個已經吃飽的人而言，滿漢全席只會讓你想吐。就算人家跟你說，滿漢全席不吃可惜，以後不知道還能不能吃到，你還是無法入口。」

學生反問我：「可是老師也說過你不愛寫論文，但還不是一篇一篇寫？」

我說：「那是因為我喜歡教學啊！要留住大學教職，即使不愛，我也必須寫論文。換言之，寫論文我是接受的，就像你愛一個人，你連對方不可愛的部分都願意接受一樣。」

有時候，我們很苦惱身旁的誰誰誰不想要什麼，但從我和學生「不餓」的例子可以想想，對方不想要，有沒有可能是因為他不餓？

「我這麼好，為什麼他不珍惜我，不多用點心愛我？」

因為他不餓。

「讀書這麼重要，為什麼他不好好讀書？」

因為他不餓。

即便你告訴他「將來你會後悔」，他就是不餓。

即便他為了將來可能會後悔，勉強跟你在一起，或是留在學校混文憑，你也感受不到熱情，仍然是一肚子的委屈與氣憤。

怎麼辦？唯一的方法是「放手允許他餓」。

他餓了，自然就會想要了。

但是，萬一放手了，對方還是不餓怎麼辦？

那他就是不餓了。

我們反倒要回頭處理自己為什麼那麼糾結，而不是去處理他不餓的議題了。

## 孩子覺得夠了，就夠了

女兒正在準備高考，她的老闆需要她幫忙時，她才會去幫忙，因此收入相當有限。我想給她零用錢，吃點好的，支持一下正在為目標而寅吃卯糧的她，她卻總是說：「夠了夠了，不要再給我錢了。」

我卻默默擔心，這孩子會不會不懂未雨綢繆啊？於是找了個時間，好好問問她是怎麼想的。

女兒說：「我算一算，我的存款到高考結束都還夠用。反正一考完，我就可以去賺錢了。」停頓了一下，問我：「媽媽是覺得我這樣不太好，是嗎？」

她這麼一問，讓我反思「夠了夠了，不要再給我錢了」真的不好嗎？

我想到玉里天主堂的法裔神父劉一峰，二〇二〇年他經營的啟智中心倉庫失火，消息傳出後，社會各界紛紛捐錢援助，但沒兩天神父就說謝謝大家，夠了，不要再捐了。我心裡默默猜想，或許錢再多就是困擾了，也或許對劉神父來說，真的就是夠了。

想到劉神父的「夠了」，我搖搖頭對女兒說：「你覺得夠就好了。」

我說：「人一生下來，彷彿是進了一個遊樂場，得自己賺金幣才能玩遊樂設施。如果一直想著要多賺點錢才能玩，結果所有精力都花在賺金幣，賺到忘了要玩，賺到太重扛不動、玩不了，那就本末倒置了。沒關係，你覺得夠就好。」

畢竟是我主動找女兒問這件事，她還是不放心的追問我，是不是覺得她太天真，怎麼會覺得夠了？我拍拍她，跟她確認我不擔心她：「你不需要別人來告訴你夠不夠，你覺得夠就好了。真的覺得不夠，你自然就會去賺了，不是嗎？」

有一種冷，叫做媽媽覺得你冷。

有一種餓，叫做媽媽覺得你餓。

有一種窮，叫做媽媽覺得你窮。

把感覺的權利還給孩子吧！家長又不是孩子本人，如何有立場告訴他應該要如何感覺？他覺得夠了，那就是夠了。隨著生命階段的進展，覺得不夠了，他自然就會長出力量去想辦法了。

## 需要的時候再給

我經常聽人抱怨：「我對他這麼好，為什麼感受不到他對我的愛？」

這個「他」可能是伴侶，可能是兒女。

為了搞清楚到底要怎樣才能感受到愛，我在婚姻研究課程中設計了練習讓學生回答：「小時候，父母做了什麼，我覺得被愛？」「長大後，最親密的朋友或伴侶做了什麼，我覺得被愛？」

答案五花八門，但多數與需求被滿足有關：生病時媽媽煮的稀飯、輸球時伴侶的擁抱、下班很累時的溫馨接送。

幾乎都是在感到困頓與不足時迎來的及時雨，會讓當事人感受到被愛。然而這種及時雨如果變成梅雨，就不會有被愛的感覺，甚至會覺得煩。

如果你說過喜歡吃稀飯，媽媽就天天煮給你吃，你是不會感受到愛的。

你打線上遊戲時，伴侶一直要給你抱抱，你是不會感受到愛的。

下班時，你的伴侶比平常晚了五分鐘來接，你不會感受到他愛你，只會覺得很生氣。

所以，被服務得太好或視之為理所當然時，不但沒有被愛的感覺，甚至會覺得對方討厭。

「我對他這麼好，為什麼感受不到他對我的愛？」

原因很簡單：因為對方不餓、因為對方吃太飽、因為對方吃膩了！天啊！這個結論是在說「愛（親）情中應該要無所保留的給予」是錯的嗎？很遺憾，我破壞了你過往的認知，答案的確是「沒錯，愛（親）情中應該要無所保留的給予是錯的」。

愛情與親情皆是如此。

你會發現父母照顧得愈無微不至，孩子愈不懂得感恩。伴侶愈一手包辦生活大小事，對方愈覺得煩。

那要怎麼愛呢？

改掉過往的認知，把「愛（親）情中應該要無所保留的給予」改成「愛（親）情中應該要視對方的需求給予，而不是一股腦兒依照自己的意思給對方」。也就是應該要敏感覺察到對方的需求及脆弱，適時送上他確實需要的，而非送上你覺得他需要的。

當對方受傷需要一個擁抱，不要給他一個「你應該如何如何做」的忠告，那會像渴望一杯水卻得到一個包子一樣令人惱怒。我並不是說不能用給他忠告來表現你的愛，而是要先照顧對方當下的需求，等他解渴了，表示需要你的忠告時，再給他吧！

當你是對方不可或缺的存在，或者對方是你不可或缺的存在時，愛的感覺才會存在。

所以，等他餓了、等他有需要的時候，再給他吧！那個時候你才會是他不可或缺的存在。

如果他一直很飽，要如何感受到你是他不可或缺的存在呢？

你又如何能感受到他對你的愛呢？

## 不做無謂堅持

心心因為經常和孩子為小事起衝突，來找我諮詢，一方面生氣孩子不聽話，一方面又氣自己沒本事讓他們聽話。

我請她舉例，以幫助我了解衝突樣貌。

心心說：「我要求孩子把衣服、襪子翻到正面再丟洗衣籃，他才不管，講了幾百遍都沒用。我威脅他，如果不翻過來就不幫他洗。他就真的等到沒衣服穿才去洗，要不然就是考慮到洗了來不及乾，乾脆從洗衣籃翻出來再穿一次。」

我問心心：「聽起來你的孩子有為自己的行為後果負責，沒有哀哀叫怪你沒洗衣服，也想到辦法解決沒衣服穿的問題。你覺得有問題的地方在哪裡？」

心心說：「他這樣臭臭的出門，我覺得不舒服。」

我問：「他臭臭的出門，不曉得會不會被同學抗議？」

心心說：「我不曉得，他沒跟我講。」

我問：「後來呢？」

心心說：「沒有後來，我看他穿髒衣服的當天就把所有衣服洗了，一邊把衣服翻面，一邊生氣。」

我說：「我很好奇，如果你繼續堅持一開始的原則，事情會變得如何？」

心心說：「這種事能堅持嗎？導師很快就會打電話來告狀了。」

我說：「我想回頭談一下，你之所以採取不把衣服翻正面就不幫他洗這個策略的動機是什麼？」

心心說：「要孩子學會負責任。」

我說：「很好的動機。導師如果真的打來，沒辦法跟他說這是一個訓練孩子負責任的過程嗎？」

心心說：「我沒辦法等導師打電話來告狀，他會想我是怎樣的媽媽。」

我說：「聽起來，導師怎麼看你這個人的重要性，遠大過於訓練孩子負責任的重要性。」

心心說：「沒辦法，做個負責任的媽媽是我很重要的一部分。」

我問：「訓練孩子負責任，算不算是負責任的媽媽的一環？」

心心說：「哎，面子吧！就是面子。為了面子我就落入指責孩子不負責任、又幫他負責任的惡性循環中。老師，你會怎麼做？」

我說：「我家是衣服有沒有翻面都沒關係，所以沒有這個問題。」

心心問：「那你不會很累嗎？他們沒有翻到正面，然後你在摺衣服的時候幫他們翻？」

我說：「我們家是原樣摺一摺，每個人要穿的時候再自己翻。」

心心問：「可以這樣啊？」

我說：「我想不出什麼原因非得翻到正面不可。而且，我還覺得翻到反面洗褲子裡的口袋才會晒到，反而很好。」

心心說：「這樣就不好看了。」

我說：「我了解了，的確可能看了會眼睛痛。其實無論事情如何處理，我們都要回到初心，問自己為什麼要怎麼做，這樣孩子才會學會做一件事需要覺察自己的動機，而不是唏哩呼嚕的因為感覺必須做就做了。

「你得告訴孩子堅持要他把衣服翻正面的原因，如果他也同意你的理由，也同意你的計畫，後續所有行動都需要呼應這個計畫，才不會給孩子一個大人說東又做西的迷惘。

「不過生活裡有太多事情，在選擇什麼事該堅持時，我還是會考慮這件事是不是值得大動干戈，除非是影響到生活，如果只是看了眼睛痛而無傷大雅，或許可以選擇放過，才不會讓孩子覺得媽媽連芝麻點大的事都管。」

## 放手時機要好好觀察

二〇二二年，京都大學高山敬太教授來台灣演講，從各個面向談到「從不舒服中學習」。

高山教授輾轉在加拿大、美國、澳洲生活了快二十年，看到我們東方獨有的「從不舒服中學習」是如何的美好。其中一個東方社會特有的就是死記硬背、重複練習的機械式學習（Rote Learning）。講完之後，高山教授刻意停頓了一下，挑釁的說：「來啊，可以戰！」

雖然他叫戰，可是我們這些當教授的怎麼會不知道，他講得有道理。我們哪個不是死背單字才有足夠的英文能力讀完博士？

然而，我們都知道，要求學生死記硬背、重複練習會引發極大抗拒。

該怎麼辦呢？

演講時間沒辦法談到這個議題，後來我和兒子以及「學習與教學國際碩士學位學程」的林宜靜主任一起接待高山教授，吃飯時我們深入探討這個議題。

我首先發難說：「不是說死記硬背、重複練習不好，但得想想，怎樣才不會讓孩子因為被強迫而產生反感，從此打壞胃口，對學習這件事謝謝再聯絡。」

林宜靜主任舉了一個她陪伴孩子學小提琴的經驗，呼應我的擔心：「我看兒子的能力可以，也有興趣，就讓他去學小提琴。當他撐不下去，想停止學習時，我鼓勵他再堅持一下下。

「就這樣一次一次的鼓勵與堅持，直到有一天，小提琴老師特別嚴厲，下課後我發現孩子太陽穴附近長出整片疹子，這時我知道他已經到極限，該喊停了。但從此以後，只要談起小提琴，兒子就會緊張的說：『媽媽，你答應過我可以不用再學了。』也就是郭葉老師講的，一次一次的推一把，已經把孩子對小提琴的胃口給打壞了。」

由於宜靜主任舉的例子是需要重複練習的小提琴，我們於是問我兒子他為何願意一遍一遍的練吉他，即使練到手指脫皮，仍然願意忍痛練習。

兒子說：「一開始，我是想證明老師是錯的。我的第一個吉他老師總是邊教邊羞辱我，說一些像是『你就是花你媽的錢，自己一點本事都沒有』之類的話。

我媽知道後氣死了，叫我不要再去跟這個老師學，可是我不想讓老師說中，因此堅持練下去。」

高山教授說：「競爭、好勝是你的動機。」

兒子繼續說：「後來讓我願意繼續練的動機改變了。我喜歡同儕一起創作，也喜歡那種有著共同夢想、一起實現的感覺。」

我說：「你願意重複無聊的練習，是因為喜歡一群人一起打拚。」

女兒則說過羞辱這一招會把她打進十八層地獄，從此站不起來。除此之外，她不喜歡和一群人一起工作，要顧慮到太多人的感受，壓力很大，剛剛好和兒子相反。至於她為什麼願意死記硬背，是因為她喜歡重複與安定，也喜歡把師長交代的事情做好。

就這樣大家你一言、我一語的貢獻自己教養、被教養的經驗，能夠激勵孩子願意死記硬背、重複練習的動機，以及不打壞胃口的訣竅似乎慢慢浮現。

從我兒女的學習經驗，我們了解到，要正正的看你的孩子，找出能夠激勵他熬過無聊練習的動機。喜歡競爭、喜歡群體的孩子，就讓他在團體裡學習；喜歡安定、喜歡長輩的孩子，就幫他找個願意引導他的溫和長輩。

然而，還有一個問題沒解決：孩子在學習過程中，總是會因為無聊和挫敗想半途而廢，家長要如何才能知道是該推一把，或是孩子已到極限了？

這個題目沒有固定答案，你得好好觀察，甚至試試看才知道。如果孩子已經長疹子、睡不好、變瘦、變暴躁、嚴重逃避，甚至親子間連基本談話都沒有辦法，那絕對是要收手了，甚至還沒到這個地步，出現徵兆就不要再推一把，寧可讓孩子好吃好睡，把精力放在開發別的事情上。

即便如此，在嘗試的過程中，還是難免會傷害到親子關係。關於這一點，我請教高山教授和宜靜主任的育兒經驗。

從他們的經驗分享中，我學習到，雖然在拿捏時會把彼此的關係弄緊張，但是只要家長願意覺察，意識到孩子的狀況，會收手、會道歉、會從經驗中學習，不會一而再、再而三的，明知道孩子已經不舒服還重複再犯，孩子就能比較迅速的從受傷中復元。

反倒是家長總是為了避免衝突而順著孩子，不敢嘗試與孩子協商、突破舒適圈，孩子從來沒有違逆不順心的經驗，未來別人對自己魯莽硬逼，孩子會十分驚嚇，不知如何應對。

總而言之，孩子曾經和家長有一點衝突，在過程中經歷和解與修復，經歷了類似現實社會的實相，反而是好事。

# PART 4

# 理解，帶給孩子幸福

# 12

# 不教而教，最有效

家長只需要輕輕設置好環境與界線，不需要事事都管，
只要把自己過得好好的，活出自己的特色，
孩子很自然就會複製家長，孩子有眼睛，他會看。

有天站在十字路口，看到一位媽媽快速疾走，一位幼兒在後面邊哭邊追。看著這位媽媽，我猜想她是被幼兒氣到，於是威脅幼兒說不要她了，孩子才會在後面又哭又追。

或許二十年後，她會不懂女兒為什麼不能好好講話，總是用離家出走或自殺來威脅她，也許女兒就是模仿了媽媽的情緒勒索。

或許二十年後，她會不懂女兒為什麼總是討好男友，唯恐男友拋棄她，也許是女兒把母女關係複製到情人關係了。

極有可能這位媽媽不知道她因為憤怒讓孩子在後面又哭又追，會對孩子的人生起了什麼作用。

所有當下的念頭和行為，在在引領我們走向未來某個圖像。如果想對自己未來的圖像有那麼一點點掌控能力，怎麼能不念念分明的畫下當下的每一筆呢？

某個週末早上起床時，女兒已經不在床上。

我想到她應該是怕阿嬤禁食太久，早早就出門陪阿嬤去榮總抽血了。

我們家就像一群大象，平時不出手，只是一起走。一旦有人需要保護，就會圍一個圈，把他放在中間保護起來。

小時候的我很自由，小學三年級就開始自己搭公車四處參加活動和比賽，大人不會管我。但小學五、六年級時，我被老師摑了耳光，媽媽馬上幫我轉學，即使我因為同學想留在原校，不過媽媽為了保護我，仍然堅持轉學，不讓我暴露在情緒陰晴不定的老師威脅下。

結婚後，我想出國讀書，爸媽尊重我的選擇，但無論學費或生活費，他們都不伸出援手，讓我為自己的「想要」負責。但是當我離婚淨身出戶，身上剩下很少的錢回到台灣時，我和孩子的基本「需要」有困難，爸爸和弟弟就默默幫我買車，每逢孩子註冊繳學費的時間到了，爸媽也會拿一包錢給我。

進入中年以後，我的生活能力不是太優秀，隨便過，可以活就好。

弟弟會默默幫我換車，免得我開著三十年的老車常常拋錨在路上。

弟妹會默默幫我把衣服上搖搖欲墜的釦子縫好，免得不上心的我，連釦子掉了也不知道。

大嫂知道我煮飯不好吃，默默買了一台要價五萬多元的料理機給我，讓我有好用的工具，至少吃好一點。

雖然我不覺得自己需要被「圍在中間」照顧，但因為這當中沒有交換關係，沒有隱藏著我照顧你、你就要聽我的那種意涵，他們完全是禮物放了就走，於是我也欣然接受安排，很舒服的成為象群當中的一員，家族中有人需要我時，我也會很願意變成在外圈保護家人的一員。

如同我所說的，這個彼此照顧的關係，並未隱藏著一種「我照顧你，你就要聽我的」那種意涵，而是一種舒服的關係，家族的孩子看著看著，也會喜歡被照顧，時候到了也會變成外圈保護家人的一員。

原本週末是我要陪媽媽去榮總的，但我的手受傷了，女兒就成為象群外圈的一員，要我去大醫院看醫生，她陪阿嬤從早上十點等到下午三點才看到醫生，到家都已經晚上了。

女兒回家後，說著看醫生時發生的事。我發現，平常我們把阿嬤圍在中間照顧的方式，她都學起來了。

我們家族成員常用電視機的大螢幕來講解最近想和大家分享的內容。媽媽說她聽不清楚，了解速度也比較慢，我們就會像翻譯一樣，先對大家講一遍，再用比較清楚緩慢的速度對媽媽講一遍，讓她感受到尊重，沒有被忽略的感覺。

女兒說，醫生無論說什麼，她都會慢慢的、清楚的複述一遍，讓阿嬤知道現在發生什麼事，接下來將要發生什麼，為什麼要做這個，為什麼要做那個，讓阿嬤因為清楚狀況而安心。

隔一週，我媽媽又需要去抽血了。那天我是可以陪媽媽去的，但女兒說，盡量不要變動，讓阿嬤有安心感，她去就好了。這時候我知道，女兒現在已經從站在大象群內圈、受到家人保護，轉變成站在象群的外圈，保護媽媽、保護阿嬤、保護需要的家人的一員了。

## 孩子有眼睛，他會看

媽媽一個人生活，可是她會煮三菜一湯，美美的，什麼顏色都有，好好的款待自己。

她去參加各種有趣的銀髮活動，認知活動讓她覺得有趣，復健師老師要她聽到「停」的時候要走，聽到「走」的時候要停，她和同學們玩得不亦樂乎。但是大部分時間，她喜歡一個人靜靜看書，享受和自己在一起的生活。

媽媽過著像陶淵明的日子，把自己款待得好好，對別人的事總是不批評、不插手、不過問。這點我們三個孩子就很像媽媽，喜歡把自己照顧得好好的，會獨處，不批評別人，也尊重每個人的選擇。

爸爸則和媽媽相反。他怕麻煩，菜從冰箱拿出來直接吃也沒關係。爸爸對什麼都有興趣，家裡、網路上總是有人來提問，過世前一週還拿著拐杖搭捷運要到鑛業協進會開理監事會，心中記掛著他答應要給人家的稿子。這點我們三個孩子跟他很像，我想我們死前大概會跟他一樣吧！

我很感謝爸爸對知識的興趣盎然與大膽，他做了身教讓哥哥敢與人不同，到處推廣少吃碳水化合物以保血管健康的飲食習慣（他在醫院看過太多爆血管、塞血管的人了），我則是很敢研究保守社會氛圍下避談的議題。

爸爸還在時，週六家聚總是有人來問爸爸問題；現在週六家聚，總是有人來問哥哥低醣生酮飲食的問題。

最近我去演講性別平等題目時，有爸爸、有媽媽、有阿公、有阿嬤、有幼兒園園長特別來聽。有人問幼兒自慰怎麼辦？孩子彼此探索身體怎麼辦？網路上同時有好幾位擔心到快憂鬱的媽媽來問我類似問題。幸好我和爸爸一樣，夠大膽、夠好奇，回答起來都沒問題。

爸媽如此迴異，他們的孩子會是違和的產物嗎？

我和自家兄弟都是玩得不亦樂乎、自己身心愉快擺第一，行有餘力才會盡己所能幫助他人的人，並非完全複製爸媽任何一方，但是既像爸爸也像媽媽，各有各的風格。

看來，家長不需要花太多力氣栽培孩子，只要把自己過得好好的，活出自己的特色，家就像影印機和工廠，孩子很自然就會複製家長。

每年暑假開始前，總有家長問我怎麼讓孩子不整天滑手機。如果你要孩子不滑手機，就得身教給他看你不追劇、不上網時在做什麼。

孩子有眼睛，他會看。

## 潛移默化影響孩子

說服孩子最好的方式就是催眠，我說的催眠，是在孩子放鬆時，以溫柔不引起防衛、一遍又一遍的方式，默默影響孩子。

碰到事情想推開或想逃避是很自然的反應，但經常是愈抗拒事情愈糟。

我很想教女兒正念療法中「碰到困難的事情不推開」的態度，但學習這個正念態度並不容易，如果在女兒有狀況時教，已經很痛苦了還要她接受，她根本不會想聽，因此我選擇在自己有狀況時，讓她當旁觀者，用無痛的態度觀察「碰到困難的事情不推開」是如何運作。

有一天，我身體狀況不佳。

女兒說：「媽媽，你好像很累？」

我說：「對，應該是吃了什麼不對的東西，身體怪怪的。」

女兒說：「啊，那怎麼辦？」

我說：「感覺怪怪的而已，接受它就好。如果急著想擺脫，急躁加上身體本來就怪怪的，那種不舒服的感覺會翻倍。」

女兒說：「身體怪怪的沒辦法像平常那樣自由活動、自由工作，對媽媽這個不喜歡被拘束的雙子座來說，一定很不自在吧？」

我說：「就像薪水少有薪水少的花錢法，身體沒力也有身體沒力的自處法，沒有期待自己像平常那樣，而是有多少力就用多少力，因此並未感到被拘束。」

就這樣透過身教，孩子在舒服的狀態下聽到面對困難的心法，自己碰到狀況時，要把已經學會的心法拿出來用，會比已經很痛苦但還要學習來得輕鬆多了。

然而，有時候忍不住機會教育，不小心勾起孩子的防衛心怎麼辦呢？

週日女兒開始焦慮隔天又要上班。過去她會無意識的用看影片、看漫畫來轉移注意力，現在因為限制了上網時間，沒有「麻醉劑」可用，於是把注意力轉移到食物。看我剛滷好蘿蔔，女兒便湊過來掠食。

我忍不住說教：「試試看接納自己的焦慮，就算看影片、看漫畫、吃媽媽滷的蘿蔔可以稍微忘掉焦慮，看完、吃完了，焦慮還是在，還是會冒出頭來。」

女兒聽我這麼一說，搞笑的搶食蘿蔔放到碗裡，彷彿怕我把蘿蔔收起來，我知道她這時候不準備聽我說教，講也沒用，我也就寵溺的捏捏她的臉：「這麼可愛怎麼行啦？都沒辦法唸你。」雖然這次說教失敗，但還是有一抹歡樂與寵溺的色彩，讓女兒對這個概念不至於反感。

就這樣在生活中，和孩子維持良好的關係與連結，將想要傳達給孩子的概念與技巧點點滴滴、不引起防衛的潛移默化到孩子的腦袋中。

當孩子碰到困難，這些點點滴滴不知不覺滲透到孩子生活中，已經悄悄放進孩子口袋的概念與技巧，很自然在需要時，就會被拿出來應用。

## 把環境布置好，就好

我曾談過不教而教的概念，這個概念有著「正向教養」的意涵，換言之，家長不怎麼需要處罰或獎賞孩子，也不需要說教，把環境布置好，就好。

我舉個例子說明運用改變環境來不教而教，要比費盡心力教還有效。

有一次，我正在上課，學生忽然騷動起來，尖叫著揮手閃躲，我走過去看看發生什麼事，原來是一隻蜜蜂。

學生害怕蜜蜂停留在教室裡會螫傷他們，於是拚命躲、揮手趕，想把蜜蜂快點趕出窗外。

我猜想這些揮來揮去的身影對蜜蜂而言很像是在攻擊，因為牠忙著對付，根本看不到學生已經把窗子打開，催著要牠飛出去。

我慢慢走過去，請學生盡量不要動，我自己則用意念與放鬆的身體對蜜蜂表達：「我只是與你同在的生物，就像樹，就像花，就像瓢蟲，我沒有要對你做什麼。」這樣的意念與放鬆的身體，讓蜜蜂覺察這個靠近牠的生物並不危險，不需要應付我，於是有了餘裕，發現了打開的窗戶，往光亮的窗戶飛去。沒一會兒，蜜蜂就出去了。

試想，如果我和學生一起驚恐揮手，或是換教室，或是打電話給總務處來趕蜜蜂，是不是更晚才能有安靜下來上課的時間？

在我的親子關係中，就曾經有過不去做什麼，只提供好環境的經歷。我前夫的前女友是藝術家，我的孩子還小時，她會帶他們去參加公視「小導演大夢想」短片創作企劃，拍攝參賽作品。

這是發展多元智能的好環境。我需要做什麼嗎？不需要。我不去嫉妒，不去阻攔，不去擔心還沒有發生的「太投入會影響功課」，很單純的接受機會來了，孩子想抓住，那就安安靜靜不出手，支持他們飛向發展多元智能的機會。

用太多力量指揮孩子做這個、做那個，孩子忙著應付家長、學校的要求已經筋疲力盡，你說孩子怎麼有機會發現自己想要飛去的窗戶就在那邊？這或許是現在很多孩子說自己「沒興趣」的原因，因為他們找不到屬於自己想飛去的窗戶。

所以家長只要用三分力把環境布置好，孩子就會長得好。就連植物的生長也是如此，你一直摸它、碰它，它反而長不好。你只需要提供好的環境，就好。

有些家長有了孩子以後沒了自己，變成某某人的媽媽，因而日漸犧牲與凋零。長此以往，當孩子不如自己的意時，心裡難免會感到失衡，憤怒悲傷自己的犧牲付諸東流。

試試採用不教而教的心法，家長只需要輕輕設置好環境與界線，不需要事事都管，不但展現了身教，也能把自己變得更好，幫助了自己，也幫助了孩子。

如此一來不僅能夠輕鬆教養不生氣，還能幫助孩子獨立自主，很自然的達到家長與孩子雙贏的境界。

## 不需要特別教，聊天就可以

某天兒子回家時，拎了朋友介紹的星巴克氮氣冷萃咖啡給我和女兒，我們仨或坐或站就隨意聊了起來。兒子和女兒都曾在星巴克打工，因此有共同語言。

兒子問女兒：「以前你在星巴克工作時，需要唸杯嗎？」

女兒說：「要啊，但後來太忙，沒有唸杯，值班經理也就管不動我們了。」

我問：「為什麼要唸杯呀？」

女兒說：「好像是因為星巴克起源於西雅圖魚市場附近，他們把魚丟來丟去時，都會喊一下振奮士氣，於是跟隨這個傳統。」

我說：「很多傳統剛開始都是有功能意義，我很好奇丟魚要喊一下，除了振奮士氣，還有沒有別的功能？」

由於是很輕鬆的聊天，我們也就懶得去查網路資訊。我先分享自己的看法：「從我的經驗，唸出來是挺有好處的。像我自己的文章被期刊登出來之前，經過工讀生的校對、編輯的校對，我也校對好多次，校到我都快吐了，結果出版後，我在引用自己的文章時，竟然還是發現了錯誤。」

女兒說：「對啊！所以我在寫公文書信時，都要用嘴巴唸出聲音，把稿子順一遍，以免這類的錯誤發生。」

我肯定女兒的做法：「真的。我們的腦袋為了省事省力，經常會自動填補訊息，讓我們以為自己已經說了或做了，而且還堅信不疑，因此需要有一些防呆裝置。例如，透過同儕校對、給意見，或是像你說的『唸出來』以防呆。況且唸出來對大家都有好處，有時候客人以為自己點了什麼，你一唸出來，他才發現自己講錯了。有時候我們自己以為聽到什麼，一唸出來，對方才有機會回饋，讓我們知道自己聽錯了。」

兒子補充說：「除此之外，我覺得妹妹剛剛說魚市場把魚丟來丟去是為了振奮士氣，這也很重要。因為這樣可以造成空間中的活力感和一體感，給人一種很秋的感覺。」

兒子知道我聽不懂什麼叫秋，特別解釋給我聽。原來這是年輕世代的網路語言，意思是很帥的意思。啊，就是我們台語的秋啦！懂了。

我說：「真的耶，最近換季我常常逛街，如果店裡沒有其他客人，我就不太會在那一家店買衣服，有可能是腦袋自動詮釋這是一家生意不好的店，在這裡買東西不放心。」

雖然我沒在星巴克打工過，但透過和兒女聊天，我們對於同樣的現象彼此交換了看法，也從對方身上學習。

學會提問比學會教育更重要，你不需要特別教孩子，聊天就可以。畢竟家長特別要教孩子什麼，經常是孩子做得不夠好或做錯事的時候。這讓孩子只要看到家長開口，就自動把耳朵關起來。除此之外，沒頭沒腦的硬要教孩子什麼，他的心沒預備好，你教完了，他也忘了。

與其特別教什麼，還不如透過生活中共同經歷的事件自然的聊天，讓孩子無防衛的從中學習到家長的經驗，而家長也可以從與孩子的對談中，得知孩子在想什麼，經歷了什麼，更可以從他們身上學到新世代經驗。

# 13

# 當孩子的榜樣

多跟孩子說話與互動，告訴孩子，
我們是怎麼想的，怎麼做的，怎麼失敗的，怎麼改變的，
這樣孩子才能真正站在大人的肩膀往上爬。

用老子哲學教養孩子，難免讓人擔心，就連茶葉也要滾燙的水才會逼出香味，沒有高期待來逼，孩子的潛能怎麼出得來呢？

的確，要是沒有期待，孩子無所依歸，就會像樹枝亂長，很難預料是不是會往高善的方向去。但是高期待就會有高傷害，就算孩子有成就，親子關係也破壞殆盡了，孩子長大之後過著好生活，拿著高薪，回頭怪你給他烙下心理陰影，這樣值得嗎？

這讓家長陷入兩難：如果不逼，孩子要怎樣才能往高善的方向去呢？

祕訣就在家長的身體力行。

你有發現嗎？小學時功課很好的同學，長大以後不見得是最優秀的；功課平平的同學，長大後有可能讓你跌破眼鏡。

為什麼呢？

這和他日夜相處的人，尤其是家長有關。不用家長說出來，孩子天天看著，家長自我要求的標準與期待，以及如何實現期待的步驟和方法就在那裡，逐漸內化成為孩子的一部分。

我的孩子一個大學輟學，一個台大畢業，儘管我對他們的學歷沒期待，但他們兩人一樣優秀，對自己的期待也很高。

他們是如何對自己有高期待的？

我很少把注意力放在他們身上，但我用自己的經驗分享，讓他們看到我的自我期待在哪裡，我是如何築夢，如何腳踏實地實現自己的夢想。於是，他們天天看著我，透過眼睛看到的，透過耳朵聽到的，來設下他們的自我期待與實踐夢想的步驟。

小時候孩子玩玩具時，看到我邊跪在地上擦地板，邊聽錄音帶背單字。長大以後，我看到兒子邊晒衣服邊聽英文新聞。

小時候孩子看漫畫時，聽到我被退稿的哀號，在床上打滾，然後站起來繼續修改稿件。長大以後，我看到女兒準備高考，即使痛苦到抓狂，還是會把自己打扮得漂漂亮亮，出去散散步、喝咖啡平復心情後，再回來念書。

要激發孩子的潛能，往高善的方向前進，最簡單而且最一舉兩得的方法，就是家長不斷開發自己的潛能，往高善的方向前進。

父母把注意力拉回自己身上，除了能夠不過度干涉孩子，妨礙他發展的可能性，還可以邊對自己做實驗，邊跟孩子分享你實驗過程所碰到的障礙、心情與跨越。這讓孩子知道你不是出一張嘴，自己做不到還敢碎唸別人的人，而是碰到困難時，可以用尊敬的心情來請教的人。

花時間在自己身上不是自私，而是設下良好的典範。

家長要照顧自己、愛自己、發展自己。自己豐盛了，身邊的人也幸福了。

## 與孩子並肩而行

我和兩個孩子同住，但因為作息時間不同，所以不會一起吃晚餐。不過我經常在餐桌工作，有時候孩子可能是出來倒水，出來洗衣服，出來上廁所，然後在莫名其妙的時間，我們仨就聊起來了。

有一次他們談起朋友總在工作和陪媽媽間拉扯，有些人心裡有對不起媽媽的感覺，有些人則因為媽媽對他們表示不滿而感到苦惱。我比了一個媽媽看著子女後背「你跑我追」的手勢，來解釋為什麼會有這樣的現象。

雖然不是所有的媽媽皆如此，然而對很多母親來說，打從孩子出生，她的眼中就只有孩子了，但孩子僅會在嬰幼兒時期眼中只有媽媽，其他的生命階段就是背對著媽媽了。

國小階段，媽媽眼中只有孩子，孩子的眼中則是同儕、老師、功課。

國高中階段，媽媽眼中只有孩子，而孩子的眼中只有外面的人，想著自己是不是跟人家不一樣？想著自己有沒有吸引力？想著自己在群體中的地位在哪裡？

到了大學，媽媽眼中只有孩子，孩子的眼中則是為自己未來出社會做準備，參加活動、準備考證照、打工。

孩子出社會以後，媽媽眼中只有孩子，而孩子的眼中只有怎樣可以賺更多錢，怎樣能找到一生的伴侶。

孩子有了自己的家庭，媽媽眼中還是只有孩子，但是孩子的眼中則擠滿自己的家庭、自己的伴侶、自己的孩子。

因此母親這一生當中，都有一種寂寞，因為她的眼中只有孩子，但孩子大部分時間都背對著母親，追求與在意著他每個人生階段該在意的人事物，無法滿心滿眼都是母親。

他必須如此，也該如此。

我跟孩子說，看懂了這點，我不想看著他們的背，等著他們什麼時候會回頭看我一眼。我選擇和孩子並肩而行，相伴走在人生路上，停下來休息時，「像我們現在這樣，穿著睡衣，哥哥跟我們說這一週世界局勢起了什麼變化，公司的經營策略做了什麼調整；妹妹跟我們說她在調整身心的時候有什麼發現；媽媽則用自己理解的方式詮釋你們說的現象。」

看懂孩子需要背對父母才有時間去完成自己每個生命階段的任務後，媽媽只需要用一隻眼睛看顧孩子（keep an eye on）就可以了。像我就是在餐桌工作，孩子需要跟我講話，隨時找得到我，用一種不費力的方式來維繫家人間的感情。

至於其他的身與心，父母就放在滋養自己，經營自己想要的生活和人際關係上吧！這樣做家長的也可以好好發展自己的人生，讓孩子把我們當做好榜樣，碰到困苦之時，也能參考大人碰到困難時的解決之道，因而得以迎刃而解。

## 讓孩子在你身上看到希望

某天早上我起床時看到奇妙景象：女兒的手機在我房間的書桌上充電。她房間的插座都壞了嗎？就算壞了，客廳、廚房的插座都可以充電啊！後來想想，她一定是在戒手機了。戒手機要有後援，她需要家人的支持來堅持下來。

從孩子小時候，碰到他們有行為問題時，我不打、不唸，但是會說我看到的矛盾，用問句和孩子討論。例如，「我半夜起床上廁所時，看到你在滑手機，也觀察到你臉上痘痘多了起來，你認為這兩者有關係嗎？」

孩子的回答有各種可能性，我回應時難免讓他們不舒服。而我也不斷透過練習與反思，講話有所冒犯我就道歉改進，讓孩子確信我並非在指責他們不夠好，而是在幫助他們成為自己想要的樣子。練了二十幾年，孩子對我有足夠的信任，知道可以找我討論而不會受傷。

把手機放在我房間充電來避免忍不住睡前滑手機，是過去我和女兒在討論時，她提出的眾多可行性之一。當然，她敢找我討論，不只因為我不會罵她，就算她這次沒能做到，我也只會說：「再來一次會更好。」還因為她也知道我曾經不是那麼的好，所以敢找我當後援。父母過去的苦與錯，跌倒再爬起的過程，對孩子而言很珍貴，這類的分享讓孩子看到希望。

有一天我弟弟和弟妹帶我們去知名高樓景觀餐廳，我跟媽媽談起最近身體哪裡痛。我是媽媽生的，她的痛點和我的幾乎一樣，跟媽媽說我的痛點讓我覺得很安心，因為她活得這麼好，只要我循著她如何照顧自己的路徑，我也會跟她一樣好好的。

家長不是神，我們怎麼走過自己的苦，孩子會循著我們走過的軌跡前行。你看到希望，孩子就看到希望。你看到絕望，孩子就看到絕望。與其把心力、財力全都傾注在孩子身上，還不如把自己安頓好，讓孩子看到希望。

## 你好，孩子才會好

女兒的男友問我，我爸爸國中念哪裡？

我說：「咦，我怎麼會沒印象他念哪個國中呢？」我努力回想爸爸生前跟我說的故事，在回想過程，我領悟自己受到爸爸身教的影響。

爸爸小學快畢業時，他哥哥聽到街頭消息，說臺北科技大學前身的學校要招職校生，爸爸便跟著他哥哥的腳步去念了新設立的礦冶科。爸爸從小沒有雙親在身旁，他在這部分教會我要建立人脈，多蒐集消息。

後來礦冶科快畢業了，學校改制，爸爸又接著讀五專。當時可能是同一批老師在上課，又是新創學制，教來教去都是同樣的東西，爸爸覺得無聊，就一天到晚逃學打撞球。不過沒有父母的他還知道要先跟老師說好，他會去考試，但不會去上課。老師因為某種奇妙的原因也就答應他，因此他的逃學是合法的。爸爸這部分的分享讓我對於不愛讀書、感到無聊很有既視感，沒有罪惡感，但也學會做事要合法才不會惹麻煩。

當然爸爸也跟我們講很多他做的壞事，由於家裡沒大人，女同學們把衣服藏在爸爸家，下課會來爸爸家換衣服去跳舞，還曾經和同學一起作弊，爬進去油印室偷考試卷。爸爸這部分的分享，再加上媽媽跟我說，有人在家，孩子才會想回家，使我在工作上都會考量到要讓孩子看得到我，孩子也才不會走偏。

其中一件隨口分享的事，還變成了後來稍微有閱讀障礙、字讀不進去的我的適應良方：爸爸跟我說，他會把小抄刻在尺上（俗稱刻鋼板），因為很認真刻，就背起來了，尺就送給人家做人情。

我小學、中學、五專真的是亂讀，念書沒有策略，怎麼畢業的也不知道。後來真的想讀書了，就是參考爸爸刻鋼板的方法，讀懂一段之後，就用自己的話寫在紙上，用愚公移山的精神，把厚厚幾本書寫成一本武功祕笈進去考試，後來的學術路途也就一路順暢了。

現在回想起來，爸爸媽媽對我相當有同理心，有可能是自己也經歷過愛玩、不喜歡讀書的歲月，因此不勉強我。自己幹的壞事也勇於對孩子承認，當然也談了他們的心得，例如「講一個謊話要用十個謊話來圓」，當時聽了懵懵懂懂，長大後碰到狀況就想起來可以如何看待、如何運用。

這段有關我爸爸的家庭歷史，印證了社會學習理論所說的，孩子是看著家長一點一滴的學。好的學、壞的學、方法學、領悟也學。

最近有讀者在問，如何讓孩子喜歡讀書。

我回想了一下，爸媽好像從來沒有成功教會我乖乖坐著讀書。他們有盡力，不過沒成功。我呢？我也是有盡力，但是孩子小一點時能勉強，大一點時志不在此，就沒辦法了。

這時候要靠的就是身教。

我是自學型的人，像這次女兒一問她阿公的事，我馬上就去查臺北科技大學的校史館，連結所知，豐富了知識。

兒子看著我什麼事都好奇、自己學，他也被我潛移默化。前幾天聽弟弟說，日本客人對於台灣進出口法令不清楚，我兒子如何跟對方解釋，把這件事解決了。我聽了一頭霧水，我不記得自己有花錢給他學過日文，他什麼時候會講日文的？其實也是他自學來的。

說穿了，爸媽對孩子的影響比較像是滴水穿石。

有一天，我發現自己跟爸爸媽媽好像，連職業都像。爸爸是工研院研究員，我是大學老師。爸爸當初看準我會表達，喜歡和人接觸，是做生意的料，安排我去讀五專國貿科。但我沒看過做生意像什麼樣子，還是選了最熟悉的學術機構。

父母的高度在那裡，孩子無論有意或無意，就會以那個高度為標竿前行。

把自己安頓好，不要為了孩子省東省西。投資在自己身上，讓自己有高度也是很重要的。你根本就不需要費力教，孩子有眼睛，他會看，有耳朵，他會聽，從你分享的一點一滴，孩子就學會你畢生的功力了。

即使有難過、難看的部分，你也可以和孩子分享，這樣孩子才知道碰到不順心不是無路可走，還可以有哪些路走。當然，這牽涉到我們是否接納自己難過、難看的部分，於是又回到投資自己、探索自己、了解自己，這樣你才開得了口和孩子分享。

我們通常都很注意學校教育，但從我的生命經歷來看，家庭發生的所有事，家長內心的歷程與行為是孩子更大的學習來源。家長別把力量一滴不剩都放在孩子身上，要先把自己弄好，雖然不是馬上，但長遠來講，孩子就會跟著你好。如果你認為就是因為自己不好，才要孩子好，這說不過去，教育體系中，老師大都教知識，你自己沒動力把自己弄好，孩子是要去哪裡學會有動力把自己弄好？

有一年我整個寒假都投入在準備一篇如何幫助孩子說出到底發生了什麼事的論文，去廚房喝水、動動身體時，就會順口跟女兒聊聊我的新發現、我正在做什麼或我的感受。

我說：「哎，我們不是有個概念覺得小小孩說不清楚發生什麼事，就拿娃娃給他，要他告訴我們那個人是摸他哪裡。研究顯示，三歲以下的孩子搞不清楚那個娃娃就是代表他，所以這個方法不能用在三歲以下的孩子，而且這樣做其實已經在暗示他根本沒發生過的事。」

女兒說：「有個懂溝通、懂孩子的媽媽真好，我都不用讀這方面的書，天天耳濡目染就得到精髓了。就像我雖然有去學八週的正念，但還是模模糊糊的，全都是看你怎麼用到生活中，講給我聽，我才知道正念練習中的身體掃描和吃葡萄乾飲食法要如何運用到生活中。」

家庭是比學校還好的學習場所，很多技術並非依樣畫葫蘆就會成功，還需要眉眉角角和心法的加持，但這需要長時間的浸潤。因此多跟孩子說話與互動，不是只養他們長大，餵飽他們。父母還要告訴孩子，我們是怎麼想的，怎麼做的，怎麼失敗的，怎麼改變的。不能只讓孩子看到我們成功與光采的那一面，還要講細節、講過程、講自己的不堪，這樣孩子才能真正站在大人的肩膀往上爬。

## 和孩子談缺點

我平常不吃米、麵、含糖飲料，但在特殊日子會破戒。多年來，孩子幫我過生日的儀式之一，就是買一桶我專屬的草莓口味哈根達斯冰淇淋，看我抱著一桶冰淇淋大破戒，應該是孩子最喜歡的美好時光。

有一天，兒子買了一桶草莓哈根達斯回家。

我問：「咦？發生什麼事？我的生日到了嗎？」

兒子說：「難得打那麼大的折扣，趕緊買回來給你吃，你生日的時候再買一桶給你。」

我說：「哇！這麼好，在哪裡買的？」

兒子說：「全聯。」

我說：「是嗎？我從來沒在全聯看過哈根達斯。」

兒子說：「有，在結帳櫃檯旁邊。」

我說：「剛好我等一下要去全聯，如果有，我也趁打折買一些給大家吃。」到了全聯，我到結帳櫃檯旁一看，天啊，真的有耶！那我以前來一百次都沒看到是怎麼回事？

回家後我跟兒子說：「哇！真的沒想到自己經過一百次卻沒看到。」

兒子說：「可能是你的注意力很集中，也很目標導向，要什麼東西就直直走去，拿了就走。這樣很好啊，省時、省力，目標達成率很高。」

我說：「也對，這是我的優點，但也是我不足的地方。像你就很厲害，觀察到的東西很多樣性，不像我這麼目標導向，也就不會像我這樣有看沒有到。」

兒子說：「不過相對我的細節處理就不會那麼仔細。」

我說：「的確。我學習正念認知療法時，有學習到注意力分成幾個大類。我擅長專注聚焦，你則擅長無差別鳥瞰。我們這樣很互補啦！哈哈哈！世界上如果都我這種人，那可就糟糕了，衝衝衝，旁邊發生什麼事都不知道。不過很多時候還是沒辦法等你來幫我補，我自己還是得發展鳥瞰能力，要不然，你看，草莓哈根達斯打折我就錯過了。」

我就是這樣和孩子談「缺點」的。凡事有陰陽兩面，缺點就是優點，優點就是缺點。透過表達我對孩子某個特質的欣賞，揭露自己這個特質的陰陽面，讓孩子知道，我欣賞自己擁有的這一面，但還想加強自己另一面。

孩子會因為媽媽的自我揭露而覺察自己有需要改進的地方嗎？我不得而知。但我知道孩子會從與我的互動中學習到中道，不思善、不思惡，不落入二分法，而是依照當下的需要把自己所擁有的特質拿出來用，鍛鍊自己需要的特質。光是這樣，我就覺得很棒了。

# 14 教養要有方法

看到孩子行為偏差，別打他、別罵他、別修理他、別放棄他。要善待他、愛他、教他，更重要的是：了解他。

我在看韓劇「非常律師禹英禑」的時候，看到心懷妒意的權敏宇律師，總是會忍不住想要隔著螢幕摸他的臉，問他：「你到底是經歷了什麼讓你變得這麼妒、這麼恨？」

你小時候被不公平對待過嗎？看到人人都因為禹英禑的障礙而護著她，喚起了你心中怎樣的過往呢？

禹英禑在工作上有脫軌的行為，我好愛劇中的主管鄭明錫律師的回應。然而，面對權敏宇質疑鄭明錫為何不處罰禹英禑，鄭明錫不悅的回答：「為什麼你這麼愛懲處啊？同事之間有不同意見應該要溝通與協調。」

主管的回答，保護了患有自閉症的禹英禑，也試圖溝通與教導權敏宇同事相處之道，說起來已經很周到。然而，他並未回應權敏宇感到不公平的感受，使得權敏宇不僅不受教，反而更加憤恨不平，進而有了後續愈演愈烈的報復行動。

因此，看到孩子行為偏差，別打他、別罵他、別修理他、別放棄他。要善待他、愛他、教他，更重要的是：了解他。

在不被了解之下，不僅教了也是白教，還會火上加油。

即使你是因為愛他才教導他，他一點也不覺得你有在善待他。被了解後，他的心情才會真正的平復，也才會幸福。

當他幸福了，我們也才會真正的幸福。

## 不用打，也有效

我有個親職教育課程「輕鬆教養不生氣」，第一階段是家長身教，第二階段改變環境，第三階段才進入不打人的管教。有一位爸爸上完課頻頻翻白眼：「打下去就好了，哪來那麼多廢話啊？」

我表示同理：「打下去馬上解決，真的超級快。我很好奇你已經握著這麼有用的方法，為什麼還會花那麼多時間來上我這一系列的課？」

他指向遠處站著等他的老婆，意思是被老婆押來的。

我點點頭：「你真的是個好先生，會在意太太的感受和想法。你說得沒錯，打下去，問題常常可以馬上解決。但是當家長的除了解決眼下的問題，還需要顧慮到未來。例如，小孩是模仿大人的，以後他碰到不順心的事、碰到不聽他話的人，如果腦袋裡只有打這一招，沒有別的想法和方法，那他非常可能會因為打了人而碰到各種麻煩或訴訟。

「況且我們大人會老，孩子也會長大，等到有一天打不動了，麻煩會在未來出現。例如不打就不動了，或是我們老了被孩子打之類的。現在你來跟我學這套方法，雖然得練，得跟孩子磨，但就像投資一樣，不只不用生氣，而且效果很長遠，不僅可以解決眼下的問題，還可以讓孩子一生帶著走，有好的人際關係，未來對你也有好處，父慈子孝，親子關係良好。如果像現在用打的，沒過多久又故態復萌，野火燒不盡，風吹草又生。」

如果以後有朋友跟你說，孩子該打還是要打，你可以把我和這位父親的對話給他參考。

我們養育孩子是為了幫助他未來能融入社會，我們無論是在公司犯錯，或是違反交通規則，上司或國家都不能打我們。而有一天，你的孩子會變成上司或執法人員，員工或人民犯了錯，他不能打人，但他還是得要把工作做好，因此口袋裡得要有不打人的法寶與創意去應對。

孩子要去哪裡學不打人的管理方法呢？跟家長學。

教養孩子不是為了當下而已，還為了他的將來。

## 無痛完成家事分工

暑假期間，媽媽們從早忙到晚，看到大小孩、小小孩不會主動幫忙，叫也叫不動，只好自己做，心中不禁悲從中來：莫非我是這個家庭的台傭？

我家並沒有這樣的矛盾，原因可能是我知道家事地圖在我腦袋裡，小孩腦袋裡有的不是家事地圖，而是電玩破關地圖、是和男友或女友要去哪裡玩的地圖。因此我不期待他們主動幫忙，而是把我的地圖說出來。

有一陣子我家的空調遙控器紛紛陣亡或消失，孩子們拿著家裡僅存的兩個遙控器控制四部空調不覺得是個問題，只有我覺得是，於是我在自己的家事地圖記上一筆「買空調遙控器」。

我個子小，晒衣服需要有電動晒衣架。孩子比我高，不覺得電動晒衣架壞掉沒辦法上上下下是個問題，只有我覺得是問題，於是我在自己的家事地圖記上一筆「叫修晒衣架」。

接著，我把自己的家事地圖攤開在我們仨的對話群組：

「請協助購買空調遙控器，型號如上。妹妹房間的和客廳的遙控器已消失，我的遙控器沒有屁股，哥哥房間的遙控器安然無恙，看起來大概需要三個是嗎？另外請協助叫修晒衣架。請回應分工認領。」

孩子陸續回應他們的認領，我需要的協助就這樣無痛完成。

在要求孩子協助家事的過程中，我基於對人性的了解來請求幫忙：

1 地圖在我的腦袋裡，我得直接說我需要什麼幫忙，要幾個遙控器。

2 每位家人有他們的專長與選擇，我覺得兒子比較了解電器，讓他負責購買遙控器會比較安全；女兒在家裡負責洗衣服，我覺得讓她叫修電動晒衣架會比較順手。然而，這些都是「我覺得」，不是「他們覺得」，因此我還是請他們各自認領。即使最後的選擇如同原先我腦袋裡的規劃，但自己選的比較會置入內心地圖，而且心甘情願。

3 每個人對事情急迫性的認定不同，回應請求的速度也不一樣。在攤開家事地圖請他人協助時，最好要清楚說明一個回應時間，免得自己等急了發脾氣，對方也覺得委屈。我對這兩件事情沒有感到急迫，因此並未請他們在什麼時候之前要回應，如果等待三天（我心裡的那把尺是三天）孩子還沒有回應，我就會進一步詢問。

在《老子》裡面，有一段話是這樣說的：「太上，不知有之；其次，親而譽之；其次，畏之；其次，侮之。信不足焉，有不信焉。悠兮其貴言。功成事遂，百姓皆謂我自然。」

蔡志忠的漫畫版對這句話的詮釋是：「最棒的國君治理國家大事，但人民卻不知道他做了什麼；次一等的國君，用道德感化教育人民，人民親近他而且對他評價很好；再次一等的國君，用刑罰政令治理人民，人民聽到他的名字就心生畏懼。最次等的國君，以為可以欺騙人民而愚弄人民，人民都想反抗他。有的國君自己說話不算話沒有信用，那人民更不可能相信他。最上等的國君悠哉悠哉，非不得已不輕易發號施令，等事情大功告成圓滿完成了，人民都還不知道這是國君的功勞，反而都覺得本來就是這樣的。」

我請求孩子協助家事的過程大抵就是依照這段話而行。

我在家裡宣布什麼規則了嗎？沒有。

我做牛做馬似的讓孩子感到不好意思而主動幫忙嗎？沒有。

我警告他們不做這些家事會得到什麼懲罰嗎？沒有。

我做的只有了解人性，順應人性。

我知道人只會關注自己關注的，因此不會期待孩子不用講就知道我的家事地圖。我知道人都喜歡自己選擇，不喜歡被命令，因此知道即使我直接分配比較快、比較好，我仍然請他們自己選。我知道每個人對一件事情輕重緩急的認知不會是一樣的，因此不會期待孩子馬上回應。基於這樣對人性的了解，我家的家事分工就在無形中無爭議的運作完成了。

## 先滿足，才會分享

家長給孩子零用錢後，看到他們亂花錢，買昂貴不實用的東西，或是很自私只想到自己，不會想到要買東西給家人，總是感到擔心或心寒。就像一位家長說的：「我有做身教啊！精打細算，把錢花在照顧家人上，但他們還是亂買沒有用的東西給自己，不會想到家人，我到底是做錯什麼了？」

親愛的家長，孩子的人生卷軸還在慢慢展開，光看到成長歷程中的一個點就斷定孩子的全部，你可能白擔心了。

我的孩子第一次拿到零用錢，是我們從蒙特婁搬回台灣的第一年，當時兒子小學三年級，女兒小學一年級。我們住在蒙特婁三年，那是個徒步很難買到東西的地方，採購生活用品得開車到大賣場，以前住在那裡時，孩子看到的東西和我看到的是一樣的，我知道他們的渴望在哪裡，可不可以買什麼也是我在決定，孩子沒有什麼規劃金錢的概念。

回到台灣後，開學第一天回到家，他們很興奮跟我說學校有一個神奇的地方，裡面有熱騰騰的包子和漂亮的文具，那個地方叫做福利社，他們想跟我要錢到福利社買包子。

我覺察到已經到了我無法掌握孩子看到什麼、升起什麼渴望，也沒辦法什麼事都為他們做決定的時候了，於是告訴孩子：「我一天給你們十元，你們可以決定怎麼花。」是的，你沒看錯，他們可以決定怎麼花，唯有放手讓他們握有決定怎麼花錢的權利，他們才能學習權衡手上握有的資源和渴望。

剛開始，孩子幾乎天天把十元花在包子上。包子、包子、包子，我心裡默默的想，你們不會買點別的嗎？果然沒多久，他們開始買一些我覺得是垃圾的東西，像是貼紙、用一次就斷掉的立可白，我超想大叫：「不要再買垃圾了！」

但這是一首運用金錢的練習曲，我得讓他們親身體驗和思考，孩子才能學會用錢，因此我只問他們為什麼要買這個東西。當他們說「覺得很漂亮」、「覺得好有趣」，我也勒住舌頭不批評，只問：「只用一次就斷掉，十元就這樣沒了，你們會覺得可惜嗎？」他們說不會，我也就點點頭，讓他們繼續體驗。

吃飽了，新奇感也夠了，在差不多的時間點，兄妹倆一起進入「存錢買更貴的東西」和「用錢交朋友」的階段。

女兒的同學發現她手上有錢可以支配，會跟女兒說要寶咔咔還是張君雅。一開始，女兒感到自己受歡迎，當同學要求她，她也就盡可能配合，滿足友誼和自尊的需求。但隨著這個同學要寶咔咔，那個同學要張君雅，發生了「你不買我要的，那我就不跟你好」的爭執。女兒感受到威脅，拒絕被情感勒索，寧可把錢存起來，轉而享受錢愈疊愈高的滿足感。

兒子就不一樣了，剛開始他會買七十元一疊的假遊戲王卡，一群朋友蹲在地上玩。當他知道有真卡這個東西，就想擁有昂貴的真卡。由於同學的父母不讓孩子去賣卡的商店，所以兒子的同學託他買東西，於是他動了幫同學代購真卡及保護套賺手續費的念頭。

我弟弟是做生意的，他跟我兒子說，人們得到免費服務會很開心，會願意跟你做生意，向你買更貴的東西，建議他把真卡保護套當做贈品，而不是拿來販賣的商品。可惜才上完人生第一堂生意課程，老師就來電制止，兒子的生意大門也就被迫關閉了。

在這場金錢練習曲中，還發生過無數曲折，像是買很貴的生日禮物給人家，對方沒有感謝，自己覺得很失望之類的事件，他們的用錢哲學也因而經歷無數次的改變，演變到現在差不多已經相當穩定，而財富分享也在不匱乏、不被剝奪與不勉強的前提下，自然發生了。

這麼看下來，在照顧他人、與他人分享之前，先滿足自己是必經的過程，不見得是自私。從我身邊的成功人士，我看到了先把自己照顧好，自然就會走向財富分享的道路的例子。

我弟弟拿到第一份薪水時，就買了天價自行車，滿足自己喜歡美和優質東西的渴望，從來不苛刻自己。滿足自己以後，弟弟很自然就開始分享他的財富。孩子還小時，我的經濟能力不好，弟弟會假借要我的兒女照顧他的女兒，出錢讓我的孩子去日本滑雪。

日前弟弟帶我全家去越南旅行和做生意，我兒子對我弟弟做生意的方式大大欽佩，回台灣以後離開音樂餐廳的行銷工作，跟著他做生意。

兒子跟我說，他老闆（也就是我弟弟）對員工很慷慨。同事說：「老闆，我不曉得怎麼開始低醣生酮飲食。」弟弟就會請客，帶員工到餐廳教大家怎麼吃。不像我們大學老師每年健康檢查只有三千元補助，弟弟為了照顧員工，會出錢讓他們做很昂貴的健康檢查；員工想精進語言能力，他就出錢補助他們學習。

從兒女的經驗，從我弟弟這個成功商人的經驗，我看到分享並非來自道德約束，而是照顧好自己，得到滿足以後自然而生的行為。

因此家長看到眼前孩子令人不滿意的用錢行為時，請稍稍忍耐一下，先不論斷，或許這只是個過程，你只需要好奇的詢問與討論，不用急著批評。

當然也有抱著很多錢，但心裡仍然很窮、一毛不拔，永遠都覺得不夠的人，那種人就得去探索心中的貧窮感是從哪來的了。

## 孩子少根筋，後果自負

有一次我在得知週六要接待國外學者時，就抓起電話打給媽媽：「媽媽我明天不回家喔！」

媽媽說：「明天？為什麼明天你要回家？明天是星期四啊！哈哈哈！」

媽媽會笑是因為我有時空不分、東掉西掉的老症頭。戴戒指掉戒指、戴眼鏡掉眼鏡、帶便當掉便當。

媽媽不罵人、不打人，教孩子使用「自然後果法」。我念小學時，忘了帶毛筆，媽媽絕對不幫我送到學校，讓我被老師處置，她根本就不用生氣找麻煩，繼續優雅、溫柔，不用當母夜叉（給老師當）。可惜這招沒有用，我只注意眼前有興趣的事。被老師打，三秒鐘就過去了，哭一哭又故態復萌。

媽媽果然是天生的教養專家，不會因為這招沒用，之後就嘆口氣幫我送東西到學校。她堅持下去，把責任劃分清楚，放手讓我承擔後果，讓結果來教訓我。於是我開始一連串承擔後果的過程。

長大以後比較有能力，為了解決我忘東忘西的後果，我去打工賺錢付眼鏡錢、便當錢。配眼鏡荷包會痛，外食荷包也會痛，荷包痛要比被打手心、被懲罰痛多了，我開始用很多方法來提醒自己不要忘記眼鏡、雨傘、便當，以免心痛。

到現在我仍然時空不分、東掉西掉，但是已經比小時候好多了。女兒跟我差不多迷糊，我也用同樣的方式對她。

有一天我在家門口踩到一張紙，上面寫了「記得帶蛋糕」，這是女兒用來提醒自己要帶上打算送人的生日蛋糕。

與其跟孩子生氣，還不如就讓自然的結果教育他，不僅親子感情不會變壞，孩子還會發展出自我提醒的方式。這樣把責任劃分清楚，孩子才不會長不大。

## 父母要記得收手

我在養育子女時，總是秉持著社會怎麼要求他們，我就怎麼要求他們。

一個人做錯事情時，政府不會打他，所以我也不打他們，免得他們以後模仿我而打了別人，那就犯法了。一個人做錯事情時，政府會給他罰款，停止他的權利，孩子沒錢時我無款可罰，因此我和政府一樣以停止權利的方式處罰。

老闆給你薪水的前提是你得值得這個薪水，因此孩子成年後還住這個家，我給他們的指導原則是：你得對這個家付出，讓自己值得住在這個家。我的孩子聽進去了，反倒是我常常做越線的事讓他們困擾。

我寫論文的專注力只有三十分鐘，超過三十分鐘我就會東摸西摸，看到衣服乾了拿下來摺，看到廚房水槽有碗盤就手癢順手放到洗碗機，搞得女兒想休息卻又怕我做了她的工作，常常緊張兮兮警告我：「不准做喔，不准做喔！」兒子則深深的看我一眼：「你得讓我做自己的事呀！」我覺察到自己說一套做一套，知道不只要勒住自己的舌頭，連手都要綁住。

我對他們說「你得對這個家付出，讓自己值得住在這個家」，又把他們該負責的事情做掉了，傳達了一種「媽媽講話像放屁」、「反正媽媽會做」或「媽媽嫌棄我們沒用就把事情做完了」的訊息，真是太可惡。

當家長的得隨時反省，隨時檢查自己的言行是否一致，否則會讓孩子想負責任都沒辦法，覺得自己怎樣都沒辦法做得像家長一樣好，感到無所適從。

我們家一脈相傳，在對方沒有要求下，不任意出手幫忙，因為這樣可能反倒是冒犯了對方。對於沒有危險性，純粹看了眼睛痛的事，我們就不會多說什麼。

然而，有些事情不去幫忙更正，可能對方會承受後果。這類事情我們就會用一點方法，在不冒犯之下幫忙。最常見的例子就是看到別人的包包「開口笑」。

如果對方的包包很漂亮，我會揀一個包包的特別處說：「你的包包流蘇好漂亮。」如果很醜，我會說：「這個包包很特別，可以問你在哪裡買的嗎？」製造機會讓對方看到自己的包包。如果對方是忘了關拉鍊，我這麼一問，那他也就心領神會順手拉上拉鍊，關起包包了。但如果對方是故意讓包包開口笑，那也是開開心心的回答我，無論結果怎樣，我已經做到心裡的目標：提醒。

提醒對方是我的需要，不是對方的需要，是我不提醒會很難過，因此我得客客氣氣的，不要去冒犯到對方。這就像對方沒有需要這個禮物，我不送很難過，我不能強塞給人家禮物，還要人家感激我，因此要好好說話，讓別人決定要不要收下我的禮物。

前幾天媽媽看到我後背包緊貼在背上，袋口開口笑。

媽媽好奇的問：「你不怕有人會偷你的東西嗎？」

她的說法比較像是請教一件她不懂的事。

我說：「我是故意開口笑的，手一反過來，就可以撈到手機了。」我表演一下給媽媽看：「我的考慮是背包貼著背，手機放很深，深到靠近屁股，因此有人伸手要偷，我會有感覺。」

媽媽點點頭就沒再說什麼了。

這個回答對於平時頭髮一根都不會亂，任何時候我給她醫院單據，一定是好好坐著，打開包包，妥妥放好，拉好拉鍊才慢慢起身的媽媽而言，一定不是好答案，而且看了眼睛一定會痛。但我已經決定這麼做了，即使她不同意，即使她眼睛痛，她也不會多說什麼了。如果被偷，那就讓損失來教育我吧！

因為媽媽對我的尊重，我對媽媽也是如此的尊重。

我陪媽媽去醫院時，感覺她的口罩怪怪的。那個口罩是大嫂特別幫她準備去醫院時戴的專用口罩，品質一看就很優，不太可能是口罩有問題。

我看著看著，提出我的疑問，試圖了解媽媽怎麼看這件事：「媽媽，我看到這個口罩下面密合得非常好，鼻子卻沒有很貼合，你會覺得有點奇怪嗎？」

媽媽說：「我依照上面的指示，尖尖的向上。」

我說：「的確是尖尖的向上。我來研究看看，這個英文字倒過來了，會不會口罩是要倒過來戴？媽媽要試試看嗎？」

媽媽把口罩倒過來，鼻子的部分就密合了。

在這個過程中，我不說「你錯了」，也不說「你要怎樣才對」，而是說「試試看」。通常人們一聽到「錯」這個字，要不是勾起被批評的回憶，就是本能的想要反擊。因此我只說自己看到了什麼，只說我的疑惑。就如同媽媽看到我的包包開口笑時，是以「我好奇為什麼你這麼做」的態度來提問，而不是用問句來偽裝質疑。

接著我用「試試看」來邀請媽媽嘗試。如果媽媽不肯試，那也沒關係，那時候 COVID-19 疫情狀況還好，我只是眼睛痛。除非疫情很嚴重，我就會再換個方法，免得讓媽媽覺得我的好奇探問只是幌子，最後都是要她就範。

這也是媽媽教我的，她只有在重要的事情上堅持，一旦她很堅持時，我們二話不說，即使不同意都會照著做，因為那件事對她而言肯定很重要。

因為親代間的傳承，這一招女兒也用得很好，她也會用「試試看」的方法來邀請我嘗試。

前天我在地下室絆倒，膝蓋擦傷，塗了藥，貼了ＯＫ繃就出門工作了。晚上回到家後，兒女問起我的傷口，我說：「痛痛辣辣的！我有貼ＯＫ繃，怎麼還會痛呢？」

女兒的皮膚從小就很容易一點傷就變成大洞或化膿，在照顧傷口上很有經驗。她觀察了一下說：「傷口在膝蓋，我猜ＯＫ繃可能隨著走路動來動去，摩擦到傷口。你覺得是這樣嗎？」

我說：「我也不知道。」

女兒說：「我可以幫你貼貼看嗎？你感受一下。」

我說：「好。」

女兒一邊貼一邊說：「我現在用透氣膠帶固定住ＯＫ繃，如果太密實不透氣，就我的經驗，那樣對傷口是不利的。」

女兒在這個過程使用了「我在做什麼」，而不是「你應該做什麼才對」的陳述方式，所以沒有讓我覺得她翅膀長硬了，反過來在「教我做什麼」，只覺得女兒在「告訴我她在做什麼」。然而，我也從她單純的敘述她在做什麼，沒有任何指導的口氣，被她「不教而教」。

對於看不順眼的事，不是不能說，而是用好奇的心情試圖了解對方為何那麼做。對方說得出為什麼，卻依然堅持他的做法，那就讓經驗來讓他學習吧！不一定什麼事情都得照著我們的意思，看了眼睛痛，頭就別過去吧！

如果對方願意讓你幫忙，試試看只說「為什麼你這麼做」，而不是說「他應該這麼做」。這樣的說法會讓對方的自尊心被照顧到，對方會放下防衛，達到你不教而教的目的。

國家圖書館出版品預行編目（CIP）資料

讀懂孩子內心話：教授媽媽郭葉珍，帶你聽到孩子的聲音 / 郭葉珍著. -- 第一版. -- 臺北市：遠見天下文化出版股份有限公司，2023.04

面； 公分. --（教育教養；BEP075）

ISBN 978-626-355-165-7（平裝）

1.CST: 親職教育 2.CST: 親子溝通

528.2 112004602

教育教養 BEP075

# 讀懂孩子內心話

## 教授媽媽郭葉珍，帶你聽到孩子的聲音

作者 — 郭葉珍

總編輯 — 吳佩穎
人文館資深總監 — 楊郁慧
責任編輯 — 許景理、楊郁慧
封面攝影 — 有 fu 攝影（特約）
美術設計 — 鄒佳幗
內頁排版 — 薛美惠（特約）

出版者 — 遠見天下文化出版股份有限公司
創辦人 — 高希均、王力行
遠見・天下文化 事業群榮譽董事長 — 高希均
遠見・天下文化 事業群董事長 — 王力行
天下文化社長 — 林天來
國際事務開發部兼版權中心總監 — 潘欣
法律顧問一理律法律事務所陳長文律師
著作權顧問 — 魏啟翔律師
社址 — 臺北市 104 松江路 93 巷 1 號
讀者服務專線 — 02-2662-0012 ｜傳真 — 02-2662-0007；02-2662-0009
電子郵件信箱 — cwpc@cwgy.com.tw
直接郵撥帳號 — 1326703-6 號　遠見天下文化出版股份有限公司

製版廠 — 中原造像股份有限公司
印刷廠 — 中原造像股份有限公司
裝訂廠 — 中原造像股份有限公司
登記證 — 局版台業字第 2517 號
總經銷 — 大和書報圖書股份有限公司｜電話 — (02) 8990-2588
出版日期 — 2023 年 4 月 28 日第一版第一次印行
2023 年 11 月 1 日第一版第三次印行

定價 — NT 380 元
ISBN — 978-626-355-165-7
EISBN — 9786263551701 ( PDF )；9786263551695 ( EPUB )
書號 — BEP 075
天下文化官網 — bookzone.cwgv.com.tw

天下文化

BELIEVE IN READING